ONE TEAM!

ラグビー日本代表に学ぶ最強組織のつくり方

元ラグビー日本代表
今泉 清

日本能率協会マネジメントセンター

はじめに
今こそ、「ONE TEAM」が必要だ!

――「ONE TEAM」という言葉に秘められた思い

2019年に日本で開催されたラグビーワールドカップで、日本代表チームが史上初のベスト8に進出する快挙を成し遂げたことは記憶に新しい。

鍛え抜かれた強靭な肉体を持つ選手たちが一丸となって、楕円のボールを必死で追いかける姿に多くの日本人が魅了され、日本中に空前のラグビーブームを巻き起こしていった。

そんななか、このような言葉が日本中を駆け巡った。

「ONE《ワン》 TEAM《チーム》」

この言葉は、ラグビー日本代表を率いるジェイミー・ジョセフ監督が掲げたスローガンであり、２０１９年の「ユーキャン新語・流行語大賞」の年間大賞にも選ばれた。

ところで、多くの外国人選手を含む31人で構成された日本代表チームを見て、「なんで日本代表なのにこんなに外国人選手がたくさんいるんだろう？」と疑問を抱いた人も多いのではないだろうか。

ラグビーの日本代表に選出される条件は、サッカーのそれとは大きく異なる。

ラグビーの場合、３年以上継続してその国に居住していればその国の代表選手資格を取得することができるのだ。

ジェイミーもまた、１９９５年のラグビーワールドカップではオールブラックス（ニュージーランド代表の愛称）の一員として出場し、その後3年以上日本に居住して社会人リーグでプレーしていたため、１９９９年のラグビーワールドカップでは日本代表に選ばれたという経緯がある。

ビジネスの世界でもグローバル化が進み、国籍のみならず多種多様な人たちと共に働くことがふつうになってきているが、それはラグビーの世界でも例外ではない。

出身地や言語、文化が異なるメンバーが目標に向かって一致団結してひとつの結束したチームを目指す。ジェイミーが掲げた「ONE TEAM」という言葉には、このような思いが込められている。

さらには、**若い選手とベテラン選手が「心をひとつにして戦う」という「ONE HEART」の思いによって、日本代表チームには「家族」のような一体感が生まれていったのだ。**

――「ONE TEAM」は一日にしてならず

私自身、ラグビーというスポーツに47年以上携わってきた。

高校時代は全国屈指の強豪である大分舞鶴高校で全国大会に出場し、大学では名門早稲田で一年生からレギュラーとして活躍。関東大学対抗戦で二度の優勝、大学選手権も二度の優勝を果たし、しかも早稲田では日本選手権で社会人の東芝府中を破って日本一を経験した。

大学卒業後は、ラグビーの本場ニュージーランドでプレーし、オールブラックスに選ばれるような選手たちと切磋琢磨した。

その後、日本に帰国してからはサントリーに加入し、1995年にはラグビーワールドカップ日本代表にも選出された。

そんな私が、強く思うことがある。

それは、ラグビーの世界では強いチームほど「ONE TEAM」を重んじているということだ。なぜなら、ラグビーはひとりのスーパースターがいるだけではトライに到達できない、勝つことができないスポーツだからだ。

一人ひとりが味方選手のことを思いやり、チームのために全員が同じベクトルでベストを尽くす。そうやってひとつのボールを丁寧につなぎながらトライを目指す。ここに、ラグビーの「ONE TEAM」の真髄があると私は考えている。

それは、ビジネスの世界でも同じことがいえる。

複雑多様でなかなか正解が見えにくい今の時代において、優秀な社員がひとりでチームを支えていくという時代は終焉を迎えたと言っても過言ではない。

また、カリスマ的なリーダーが「オレのやり方についてこい！」という発想もすでに時代遅れだと言っていいだろう。
会社というひとつの組織のなか、プロジェクトを推進するチームのなかでリーダーとメンバー全員がひとつのチームとなり、成果を上げていくことが求められているのである。

「よし！　今日から我々も『ＯＮＥ ＴＥＡＭ』を目指そう！」

そのように、チームのメンバーに意気揚々と鼓舞する会社組織のリーダーがいるかもしれない。
たしかに、今回の日本代表の活躍ぶりやチームの一体感に心を揺さぶられたリーダーたちは、日本代表から「ＯＮＥ ＴＥＡＭ」のあり方を学び、自らの組織づくりに役立てようと考えているのかもしれない。
だが、「ＯＮＥ ＴＥＡＭ」とは言葉だけでつくられるものでもなければ、一朝一夕に構築できるものでもない。

ハードワークにひたむきに取り組み、苦楽を共にしたチームメイトとの時間の積み重ねに

よって信頼関係が生まれ、初めて本物の「ＯＮＥ ＴＥＡＭ」になることができるのだ。

戦術ひとつとっても、ときには激しく意見をぶつけ合う。たとえ衝突しても、その都度お互いが納得いくまで話し合って解決していく。こうした対立からの理解や、そこから生まれる仲間への信頼など、一つひとつを積み重ねることによって明確なビジョンがチーム全員に浸透し、「ＯＮＥ ＴＥＡＭ」はつくられ、そして成熟していくのだ。

私は現在、こうしたラグビーで培った経験を活かし、さまざまな企業の組織改革やチームづくりのコンサルティングを請け負っている。

ラグビーとビジネス。

このふたつにはとくに関係性がないと思われる方もいるかもしれないが、そこにはチームづくりの哲学や手法など、実にさまざまな共通点がある。

本書のテーマでもある「ＯＮＥ ＴＥＡＭ」のチームづくりにおいても、参考になることが大いにあると断言できる。

各々のチームメンバーがリーダーシップを発揮して、やるべき役割を〝自分事〟として捉え、仲間を信頼して自分の仕事に責任を持って取り組む。それはラグビーもビジネスも同じなのだ。

現在、新型コロナウイルスの影響で、業績が悪化する企業が多くあると聞いている。

そんな今だからこそ、企業で働くビジネスパーソンは「ONE TEAM」となって立ち向かい、V字回復していこうと努力していく時期ではないだろうか。

そこで、本書ではラグビー日本代表に学ぶ「ONE TEAM」になる秘訣を私なりに詳しく伝授していきたいと思う。

強く一体感のある組織づくりにお役に立つことができれば、筆者として嬉しいかぎりである。

2020年6月

今泉　清

ONE TEAM!
ラグビー日本代表に学ぶ最強組織のつくり方

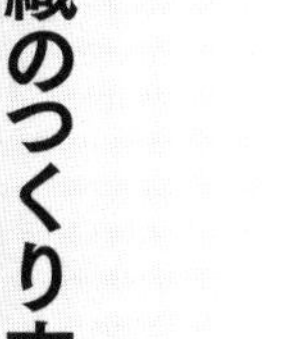

CONTENTS

第1章　ラグビー日本代表チームが「ＯＮＥ ＴＥＡＭ」になるまで

第2章 「ONE TEAM」一体感のある組織を目指そう！

第3章 「ONE TEAM」メンバーの積極性を高めよう！

第4章　「ONE TEAM」になるためのリーダーシップ

第5章 「ONE TEAM」のなかで個性に磨きをかけろ！

第1章

ラグビー日本代表チームが「ONE TEAM」になるまで

エディー・ジョーンズによってつくられた「ONE TEAM」の礎

世界三大スポーツイベントのひとつと称されるラグビーワールドカップ。

2019年の第9回大会は日本での開催ということもあり、大いに盛り上がりを見せた。

そんな大舞台に立った桜のエンブレムをつけた戦士たちの表情は、自信に満ち溢れていた。

「日本代表チームは、必ず何かやってくれる」

私は大会が始まる前から、そう確信していた。

思い返せば、日本が初めて出場した第1回ワールドカップが1987年。

そこから、2011年の第7回大会まで日本代表チームはたった1勝しかできなかった「ラグビー弱小国」だったことは、最近のラグビーファンには意外と知られていない。

なぜなら、2015年の第8回イングランド大会では、優勝候補にも挙げられていた南アフリカに勝利し、「ブライトンの奇跡」（ブライトンはゲームがおこなわれた都市名）として世界中を驚かせたことで一気に世界の檜舞台に踊り出たからだ。それまでは20年以上もかけてワールドカップでたった1勝しかできなかったのが日本だったのである。

この第8回大会は強豪のサモア、アメリカにも勝利し、スコットランドに敗れはしたものの4戦中3勝を挙げる歴史的快挙だった。

3勝を挙げながらも、準々決勝（ベスト8）に進むことができなかったのはワールドカップ史上初めてのことだった。勝ち点がわずかに足りなかったのだ。

では、これまでずっと勝てなかった日本代表チームに、いったい何が起こったのか。

そのキーワードこそ、本書のテーマである「ONE TEAM」である。

そこでまず、この「ONE TEAM」を語るうえで欠かせない人物を紹介したい。

第8回イングランド大会において、日本代表チームを率いたオーストラリア出身の監督、エディー・ジョーンズだ。

世界のラグビー界において「名将」と呼ばれるエディーは東海大学でラグビー指導者としてのキャリアをスタートさせ、日本代表FWコーチ、サントリーのコーチを経て、母国オーストラリア代表コーチに就任し、2003年のワールドカップでオーストラリアを準優勝に導く。

さらに２００７年は、南アフリカ代表のアドバイザーとしてワールドカップ優勝に貢献した。
そんなエディーが日本代表チームの監督に就任したのが、２０１２年の春である。

エディーは、「日本人でも世界で勝てることを証明する」といった大義を持ち、日本代表のチームづくりに着手していった。

そこでまずは日本人選手が持つ俊敏性という強みを活かすため、「キープ・ザ・ボール」と「パス＆ラン」を組み合わせた攻撃的なラグビーを日本代表チームのメイン戦術として据え置くことを決めた。

だが、攻撃的なラグビーをするにはスクラムやセットプレーの質を上げていかなければならない。そのためには当たり負けせず、かつ80分通して走り切れるだけのフィットネスがなければ世界の強豪相手と互角に戦うことはできないとエディーは考えていた。

ワールドカップの組み合わせ抽選により、初戦の相手が優勝候補の一角でもある南アフリカと決まった。これを受け、世界中のラグビー関係者の誰もが、そして日本のラグビーファンも日本が南アフリカに勝つなど思いもしていなかった。日本代表選手たちはそうした空気にさらされていた。

だが、「たとえ相手が南アフリカであろうと勝てる可能性はゼロではない」と信じていたのがエディーだった。

とはいえ、ラグビー弱小国の日本が南アフリカに勝つなど、まさにジャイアントキリングである。並大抵のことをしていては勝つことはできない。それをもっとも理解していたのもエディー本人だったに違いない。

いわば、エディージャパンが始まった当初は、こうしたネガティブなスタートだったのである。

選手たちに自信を植え付けた長期合宿

日本人が持つ勤勉さ、器用さ、俊敏さ。

これらの〝強み〟を当てれば、南アフリカに勝てる可能性があると考えたエディー・ジョーンズ。

だが、同時にある大きな課題にも直面していた。それはスタミナ不足である。いくら強みである攻撃的なラグビーを展開しても、試合が進むにつれて体力が消耗することにより、強靭なスタミナを持つ南アフリカの選手に押し込まれてしまうことは容易に想像できた。

「相手選手の3倍走るスタミナがなければジャパンに勝機はない」

エディーの腹は決まった。チーム戦術もさることながら、とにかく選手たちの持久力強化に注力したのである。

そこで実施したのが、宮崎市で通算173日にも及ぶ長期合宿だった。

エディーが考案した練習メニューは、早朝から夜まで1日に4回、多いときには5回のハードワークを選手たちに課した。

そのトレーニングのあまりの過酷さから、選手たちからは「地獄の合宿」と恐れられたのだが、次第に選手たちの顔つきも変わっていった。

「それぐらいやらなければ、到底南アフリカに勝つことはできない」

最初は「やらされ感」があったエディーの練習メニューだったが、手ごたえを感じ、自信を持ち始めた日本代表の選手たちは自らの意志で自分を追い込むようになっていった。

ここで重要なのは、エディーはただ単に苛酷なトレーニングを選手たちに課したわけではないことだ。エディーの本当の狙いは、長期の合宿でチームがひとつにまとまることだった。**チームメンバーがひとつになって苦楽を共にすることで信頼関係が生まれ、同じ目標をしっかりと共有することができるという思惑が根底にあったのだろう。**

実際に、この長期合宿で日本代表チームの「ONE TEAM」の礎が構築されていった。

しかし、どんなに苛酷なトレーニングに打ち込もうとも、どんなに練習でいいプレーができようとも、選手たちにはこうした疑念がどうしても拭い去ることができない。

「日本人の俺たちが、本当に南アフリカに勝てるだろうか……」

このような気持ちでどんなにハードワークに打ち込んでも、やはり試合に勝つことはできない。なぜなら、「リミッティング・ビリーフ」と呼ばれる思考に支配されてしまっているからだ。

リミッティング・ビリーフとは、物事をネガティブに捉える思い込みや固定観念を指す言葉だ。

心の奥底に、「日本人の俺たちが南アフリカに勝てるわけがない」といったネガティブな感情に支配されることによって心にブレーキをかけてしまい、結果として何事に対しても消極的でうまくいかなくなってしまうのだ。

「自信」という言葉は、自らを信じると書く。つまり、プレッシャーをプラスにするのもマイナスに捉えるのも自分を信じることから始まると私は考えている。

今まで自分がやってきたことを信じながら、「絶対に勝てるんだ」という強い信念を持って、さらにハードワークする。このときの日本代表チームの長期合宿では最終的にそうした共同体意識が生まれたことはその後の結果が示している。

エディーも、「相手に勝ちたいなら、相手を上回る準備をするしかない」とあるインタビューで語ったように、南アフリカとの80分間の戦いのために、通算173日にも及ぶハードワークをおこない、戦術だけでなくメンタルも緻密に準備していったことで、選手たちのリミッティング・ビリーフを外していったのだ。

エディー・ジョーンズの一貫した「準備力」

私自身、エディー・ジョーンズとはサントリー時代のコーチと選手として、実に彼からはさまざまなことを教わった旧知の仲である。

今になっても実に印象深いエピソードがある。少しだけ紹介しておきたい。

練習が終わってみんなが個々に携帯電話を片手に食事をしていると、突然エディーがやってきてこのようなことを私たち選手に指示したことがあった。

「携帯電話を食事のときに持ってくるな。なるべくみんなで一緒に食べながら、とにかく対話をして次の試合の準備をするんだ！」

当時のサントリーというチームは、それほど勝てるチームではなかった。それがなぜ、これほどのラグビー名門チームになったのか。それは、エディーの「準備力」にあったように思う。

エディーにとってラグビーは準備がすべてだった。これは私がエディーから教わった大事なことのひとつだ。

それは何もグラウンドだけの話ではない。食事の時間でさえも試合に勝つための準備をする。「そこまでやる必要はないだろう」と思うかもしれないが、エディーは、ラグビーの話だけでなく、チームメイトに関心を持ってその人となりを知るために趣味などの話ができるようなチーム内対話をとても大事にしていた。携帯電話を見ながら食事をしていた私たちにもそれを伝えたかったのだ。

もちろん、エディー自身が選手たちとの対話を積極的におこなっていたことは言うまでもない。あるとき、私にこのようなことを話してくれたことがあった。

「いいか、キヨシ。選手を含め、日本の指導者を見ていると準備があいまいというか、しっかりつくり込んでないから試合で思うようにいかないことが多いんだ」

これはラグビーに限らず、どのような組織づくりであれ、さまざまな視点や要素を持って準備していく必要があるということだ。

日本代表チームの監督に就任してからも、エディーの「準備力」という指導哲学は一貫していたように思える。

日本人選手は身体が小さい。だからこそ、低いタックルが有効だと考えたエディーがレスリングの練習を取り入れたことは有名なエピソードだ。

ラグビーはどんなに体格差があっても、低くタックルに入ればどんなに大きな選手でも倒すことができる。事実、ワールドカップでは南アフリカの選手たちは日本の選手たちの低いタックルに大いに苦しめられた。

「あんな低いタックルは危険だ」とレフリーにクレームをする南アフリカの選手たちに対して、レフリーは「問題ない。正当なタックルだ」と南アフリカの選手たちの主張を跳ね除けた。

身体が小さいということを弱みと捉えるのではなく、強みに変えて準備していき南アフリカに勝利した。まさに、勝てない理由ではなく、勝てる理由にフォーカスできた好例ではないだろうか。

ラグビーワールドカップ史上最大の番狂わせ。

世界にそう言わしめた「ブライトンの奇跡」。

たしかに、日本が南アフリカに勝利するということは、当時は奇跡と呼ぶにふさわしいかもしれない。

だが、**勝てない理由にフォーカスするのではなく、勝てる理由を見つけて圧倒的な準備をすることによって奇跡を必然に変えることができる**ということをエディーは私たちに教えてくれた。

そして、そんなエディーを信じてひたむきな努力とハードワークに取り組んだ選手たち。まさに、エディージャパンはひとつになったのだ。

選手たちに「勝利」というゴールが達成されたイメージを描かせ、そこから覚悟を持たせる。

そんな覚悟が持てれば、誰もがどんなハードワークでもやり抜けるものなのだ。

ジェイミージャパン「ONE TEAM」の船出

ラグビー日本代表チームに輝かしい功績を残したエディー・ジョーンズ。

その後任として白羽の矢が立ったのが、ニュージーランド出身のジェイミー・ジョセフだ。

現役時代は1991年からニュージーランド・マオリ（現・マオリ・オールブラックス）代表、さらにはオールブラックスの選手としてプレーし、1995年のラグビーワールドカップでは準優勝メンバーの一員となった。

その後日本に移り住み、日本代表としての条件を満たしたことで1999年のワールドカップには日本代表として出場したキャリアを持つ。

指導者としても、マオリ・オールブラックスの監督、世界最高峰のラグビーリーグ、スーパーラグビーのハイランダーズ（ニュージーランド）の監督などを歴任し、2015年はスーパーラグビーを制した。

そして2016年、ジェイミーは日本代表監督就任の記者会見で、エディーがこれまで築き上げた功績を称えながら、日本代表のラグビーをもう一段階レベルアップさせるためにベストを尽くすことを誓った。

だが、その船出は決して順風満帆なものではなかった。

ひとつに、エディーとジェイミーでは日本代表監督就任前の〝仕事〟に大きな差があった。

エディーは日本代表監督に就任する前、すでに日本のトップリーグに所属するサントリーサンゴリアスの監督を務めていた。

ゆえに、多くの日本人選手たちのプレーの特徴や分析データを把握していたのだ。だからこそ、自分が目指すラグビーに順応できる代表メンバーを的確に招集することが可能だった。

一方のジェイミーは、日本代表監督に就任する前、ハイランダーズの監督を務めていた。よって、就任当初の代表選考はコーチやスタッフなどの意見を参考に選出するしかなかったのだ。

また、最初から選手たちとの信頼関係が構築されたわけでもない。

ここに、「ＯＮＥ ＴＥＡＭ」が一朝一夕でつくられるものではなく、いかに時間をかけて選手との対話を重ねて信頼関係を構築していかなければならないかが理解できるのではないだろうか。

もちろん、選手との信頼関係だけで「ONE TEAM」になることはできない。心から信頼できるコーチ陣やスタッフとの信頼関係も構築していかなければならないのだ。

そこで、ジェイミーは自身の右腕として、スーパーラグビーを共に制したトニー・ブラウンをアタッキングコーチとして招聘し、思い切った決断をする。

それは、前監督であるエディーが推し進めてきたキープ・ザ・ボール、パス&ランを用いたラグビーとはまったく異なる戦術を選択したことだった。その戦術とは「ポッド」と呼ばれる攻撃システムで、ジェイミーの母国ニュージーランド、オールブラックスがもっとも得意とする。

日本人の俊敏性を活かしながら、まずフィールドで選手たちが担当するエリアを4つに分ける。あるエリアにボールがまわってきたら、そのエリアの選手がボール処理を担当する。すなわち「分業制」である。

それによって、15人がフィールドの横幅全体に広がってボールを広く動かすことができるので、相手も守備の幅を広げざるを得なくなる。

そうしたなかで、ボール保持している選手はいち早く相手の守備で手薄なところを見つけ出し、素早くボールを動かしトライまで持っていくという戦術だ。

さらには、そうしたポッド攻撃でいくつかのフェーズを重ねても相手を崩せなければキックを蹴って「アンストラクチャー（陣形が整っていない状態）」に持っていくという戦い方をジェイミーはメインの戦術として据えた。

ワールドカップまでの長いようで短い道のりは、こうした緻密な計画をもとに推し進められていくことになる。

10人の「リーダーグループ」を構成する

当然だが、こうした戦術変更が最初からフィットしたわけではない。

実際にジェイミーがこの戦術を導入した当初の試合では、ポッド攻撃のバランスが悪く、アンストラクチャーでもピッチ全体の状況把握、判断力に欠ける場面が目立っていた。

ジェイミーの母国ニュージーランドのオールブラックスがもっとも得意とするこの戦術を日本代表チームに浸透させようとしたジェイミーだったが、オールブラックスの〝それ〟とは程遠いことを実感していたに違いない。

だが、ジェイミーは「世界の強豪に勝つためには、ときにリスクをとらなければならない。日本の選手たちはチャレンジすることに対して消極的だ。しかし、私に言わせればミスを恐れることこそが最大のミスなのだ」と粘り強く日本人選手たちにチャレンジする意識を植えつけていった。すべては、エディー・ジョーンズが超えることのできなかったワールドカップベスト8へ向かうために……。

自国開催のワールドカップまであと1年と迫った2018年9月、日本代表チームは和歌山で2泊3日の合宿をおこなった。

この合宿では、フィジカルやフィットネスのトレーニングもさることながら、トレーニングしていない時間も選手同士が積極的に対話を重ねる機会を設けたのだった。

そこでは、「継続的なパフォーマンスをどう維持していくべきか」「どういった課題が浮き彫りになり、どういった準備が必要か」「そのための計画とはどういったものなのか」など、選手同士で納得いくまでとことん話し合われていたという。こうしてチームには風通しのよいコミュニケーションが生まれていった。

また私はこの話を聞いたとき、ふと以前読んだイギリスのラグビー本に記された、「強いラグビーチームは『3つのP』を大事にしている」という内容を思い出した。

3つのPとは、「Performance（パフォーマンス）」「Preparation（準備）」「Plan（計画）」のことである。

日本代表チームの選手たちは、まさにこの「3つのP」についてお互いの理解を深め、ワールドカップの初戦であるロシア戦、さらには強豪アイルランド戦やスコットランド戦を見据えてチームをひとつにまとめていった。

もちろん、それは選手たちだけではない。

ジェイミーやコーチ陣、スタッフ陣も1年後のワールドカップに向けて「3つのP」を実践していた。

私がもっとも感嘆したのは、代表選手を抱えるトップリーグの各企業のチームが代表のスケジュールに協力的だった点、さらにはトップリーグの日程を早め、長期合宿を組めるように尽力した日本ラグビーフットボール協会の決断力である。

それによって、日本代表はエディーがおこなった長期合宿よりもさらに長い合宿を組むことができた。まさに、日本ラグビー界が「ONE TEAM」となって日本代表チームをサポートしていったのである。

年が明けた2019年。ついにワールドカップイヤーの幕開けである。

ここから日本代表チームは、通算240日に及ぶ長期合宿に入る。これは、ワールドカップに出場するチームのなかでも異例の長さだ。

合宿ではタックルやスクラム、キックやオフロードパスなどの基本プレーを徹底的に練習し、実戦も多く組み込まれた。

さらにジェイミーは、**選手たち自らの意志や行動によって「ONE TEAM」をつくるため、10人のリーダーグループを構成した。従来のようにキャプテンや副キャプテンがチームを引っ張るのではなく、各ポジションからそれぞれのリーダーを選出することでそれぞれがリーダーシップを発揮し「ONE TEAM」を目指すという狙いがそこにあった。**

リーダーグループはキャプテンのリーチ・マイケル（東芝）を筆頭に、稲垣啓太（パナソニック）、ピーター・ラブスカフニ、姫野和樹（トヨタ自動車）、田中史朗《ふみあき》（キャノン）、流大《ながれゆたか》（サントリー）、田村優《ゆう》（キャノン）、中村亮士《りょうと》（サントリー）、ラファエレ ティモシー（神戸製鋼）、松島幸太朗（サントリー）である。

240日の長期合宿で「ファーナウ（家族）」になる

2019年6月から始まった宮崎合宿では、選手たちからこのような声が聞こえてきた。

「エディーのときよりハードだった……」

たしかに、ジェイミーが選択したポッドやアンストラクチャーは攻守ともに豊富な運動量が求められる極めてタフな戦術である。スピード、テクニック、パワーという三拍子が揃ってはじめて機能するのだ。

よって、エディー同様ジェイミーもハードなトレーニングを選手たちに課していき、心身ともに徹底的に鍛え込んでいった。

80分間を通して相手を置き去りにできるスピード、相手を翻弄するテクニック、そして相手に走り負けないスタミナをつけていった。まさに、オールブラックスのような成熟したチームづくりを目指していった。

こうしたハードトレーニングもさることながら、ジェイミーが重視したのがチームの結束力を高めることだった。

前述したように、日本代表チームには多くの海外出身の選手たちが混在する。

言葉も文化も違う選手たちをどのようにひとつのチームとして融合させていくか。そこで生まれた合い言葉が**「グローカル」**というものだった。

グローカルとは、「グローバル」と「ローカル」を掛け合わせた造語で、海外出身の選手たちと日本人選手が融合することを意味する。

多様な言語、文化、そして考え方を持つチームメンバーがひとつのチームとして結束力を高めるのが狙いだった。

このグローカルという合い言葉のもとに、出身地や年齢の違う少数のグループをつくり、グローカルディスカッションを毎週のように開き、チームの課題や対戦相手の分析など、納得がいくまで話し合った。

チームの結束力をいかに高め、いかに強い組織を形成していくか。ここにラグビー日本代表「ＯＮＥ ＴＥＡＭ」の本質が垣間見えたような気がする。

事実、このグローカルディスカッションを重ねたことで、「俺たちは『ONE TEAM』になることができた」と話す選手も多かった。

そして合宿が終わりを迎えるにつれ、ジェイミーやコーチ陣からある程度の指示を受けたあとは、**選手たちだけが主体的にグローカルディスカッションをおこない、自分たちで課題を発見し、それを解決できるチームへと変貌を遂げていった**のである。

このように、選手たちが率先してグローカルディスカッションをおこない、チームの結束力を高めていく。それはまるで「チームがひとつの家族になる」といった感覚に近い。

私はこうした日本代表の取り組みに、オールブラックスのTJ・ペレナラのある言葉を思い出した。

漆黒のジャージーを身に纏った世界最強のラグビーチームのスクラムハーフは、NHKの番組（『NHKスペシャル　ラグビーワールドカップ2019 第1回〝世界最強〟神髄に迫る』）で、**「チームが『ファーナウ**（マオリ語で家族）**』のような関係なることが重要だ」**と語っていた。

オールブラックスもまた、ヨーロッパ系やマオリ、さらにはサモア、フィジー、トンガといったアイランド出身の選手など多国籍なメンバーでチームが構成されている。

こうした多様性のあるチームが結束して戦うためのひとつの儀式があの有名な「ハカ」でもあるのだ。

試合前にチームが一丸となって団結する。その手段としてハカをおこなうことでメンバーの気持ちがひとつになる。まさに、オールブラックス流「ONE TEAM」のあり方と言っていいだろう。

「ONE TEAM」は〝同じ釜の飯〟を食うことで成熟する

チームが家族のような関係になる――。

この言葉に納得させられたのは、私のある経験と重なったからかもしれない。

私がかつて早稲田大学ラグビー部に在籍していた三年生のとき、後にオールブラックスの監督に就任することになるグラハム・ヘンリーが臨時コーチとして招聘された。

当時の早稲田はグラハム・ヘンリーから、本場ニュージーランドのラグビーに対する考え方から、勝つために必要なトレーニング法、さらにはオールブラックスが取り入れている戦術など、さまざまなことを学んだ。そのおかげで、当時の早稲田は「常勝軍団」と称えられた。

そんなグラハム・ヘンリーの誘いもあり、大学を卒業後にニュージーランドでラグビーをする機会に恵まれた。

本場のニュージーランドラグビーを2シーズン経験できたことは、私のラグビー人生でかけがえのない財産になった。

ラグビースキルや戦術もさることながら、私がニュージーランドで学ぶことができたのがチームメイトとの信頼関係の構築法だった。

あるとき、コーチが次のようなことを私に話してくれたことがあった。

「**キヨシ。仲間との信頼関係を構築するのに大切なマインドには、コンパッションが必要なんだ**」

この**「コンパッション」**という言葉を辞書で引くと、「深い思いやりから来る共感」や「同情」などという意味を持っていることがわかる。

だが、**私がニュージーランドでラグビーをやりながら感じたニュアンスは、「相手を理解し、尊重して誇りに思う気持ち」だった。これこそがＴＪ・ペレナラが語った「チームが家族のような関係なる」ということの真意ではないだろうか。**

これを日本の文化に置き換えると、**「同じ釜の飯を食う」**という言葉がしっくりくるように思う。

この言葉からは、苦楽を共にしてきた仲間を理解し合い、気心が知れる様子が伝わってくる。ラグビーであれば、同じグラウンドで互いに汗を流し、寝食を共にする時間が長くなればなるほど、互いの強みと弱みを必然的に理解できるようになり、まとまりのあるチームワークを発揮することができるようになる。

ただ、それだけでは真の「ＯＥＮ ＴＥＡＭ」にはなれないのかもしれない。

一緒に過ごす時間が長ければ次第に考え方や行動、価値観を共有することで信頼関係が強固なものになっていく。

すると、味方の動きを見ただけで、次に何をするかが頭に浮かんで来るという現象が起こり

得るのだ。

こうしたコンパッションはラグビーだけでなく、ビジネスの世界においてもチームで結果を出すために必要なことだと私は考えている。

日本代表の選手たちもこの長期合宿で密度の濃いトレーニングに励み、幾度となく対話を重ね、同じ釜の飯を食いながらコンパッションを持てるようになったのではないだろうか。

同じ釜の飯を食った仲間と言えるチームをつくるには、やはり強い意志を持って取り組まなければならない。逆をいえば、**意図的に共通体験を多くつくっていくことで共通認識が生まれ、「ONE TEAM」になることができるということだ。**それを証明したのが240日にも及ぶ長期合宿だったのだ。

ジェイミーもワールドカップが終わったとき、「チームがひとつになるには時間がかかって苦労したが、本当の意味での『ONE TEAM』になることができた」と自らが率いた日本代表チームに賛辞を贈っていた。

それは、チーム全員が互いの長所や短所も含めて相手を受け入れることで、味方の思考や行動が自然に頭の中に浮かぶようになり、「ONE TEAM」が成熟していったことを意味している。

強豪アイルランド戦で本物の「ONE TEAM」になる

「日本代表チームは、必ず何かやってくれる」

冒頭で紹介した私のこの言葉の根拠を、ここで少しだけ説明しておきたい。

ワールドカップの前哨戦ともいえるパシフィック・ネーションズカップのフィジー戦を観たとき、前回大会よりも確実に進化した日本代表チームの姿がそこにあった。

私が注目したのは、前半12分のプレーだ。

日本代表のＮＯ８、アマナキ・レレイ・マフィがターンオーバーしたボールを不用意に蹴ると、フィジーのフランカー、セミ・クナタニがカウンターアタック。自陣から抜け出して大きくゲインし、最後はＣＴＢレヴァニ・ボティアにつないでトライを奪われた。

まさに、見事なまでのカウンターアタックを喰らってしまったのだ。

こうした失点はラグビーではよくあることなのだが、そこからの戦い方がこれまでの日本代表チームとは大きく違っていた。

トライを取られた後、インゴールで集まった日本の選手たちが、「おい、キックやめてしっかりボールをキープしよう」「ディフェンス重視でとにかく前に出て止めよう」と一瞬で話し合い、その後ふたたび流れを引き戻し、見事フィジーに勝利したのだ。

そのあとのトンガ戦、アメリカ戦も相手の特徴や作戦に合わせて、試合中に自分たちの戦い方を柔軟に変えることができていた。

ラグビーを経験している者からすれば、試合前に一度立てた作戦を相手の対応に合わせて変更して戦い、そして勝利するということは、なかなかできることではないといえる。それができた日本代表チームは強い結束力と互いを信頼する、まさに「ONE TEAM」になっていたのだ。


ワールドカップ本番を迎え、私のこのいい予感は的中した。

予選プール1戦目のロシア戦は、自国開催の初戦の緊張感もあって動きが硬かったが難なく勝利した。

続く2戦目は決勝トーナメント進出の明暗を分けるであろう、世界ランキング2位のアイルランド戦だ。

この試合で日本代表チームは本物の「ONE TEAM」になったと私は感じた。

2015年の前回大会で南アフリカに勝利した「ブライトンの奇跡」。

たしかに、優勝候補の一角であった南アフリカに日本が勝利したことは称賛に値する。

だが、冷静に振り返ってみると、あのときの南アフリカは確実に油断していたように思える。

「ラグビー弱小国の日本なんかに負けるわけはない」と。

ところが、今回のアイルランド戦はまったく違う。

相手はしっかりと日本代表チームを分析したうえで、全力で倒しに来ていた。それでも日本は逆転勝ちを収めることができた。

世界中のラグビー関係者、ファンの誰もがアイルランド優勢と言われていたなかで、ジェイミーはこれまで自分たちがやってきたことを信じ、どれだけの準備を重ねて来たのかを世界に示す覚悟を選手たちに伝えた。

240日、およそ8か月以上の合宿では家族より長い時間をかけてチームメイトやコーチ、スタッフと一緒に過ごし、そして限界までやり抜いた。

「真の『ＯＮＥ ＴＥＡＭ』にならなければアイルランドに勝つことはできない」と、選手一人ひとりが強く思い、それを表現したのがあのアイルランド戦だった。

さらにいえば、チームの精神的支柱である主将のリーチ・マイケルは初戦でのプレーが不調だったため、この試合はリザーブに回された。

代わりにゲーム・キャプテンを務めたのがピーター・ラブスカフニだったが、10人のリーダーグループでの経験がここで活き、リーチ・マイケルが不在でも戦える「ＯＮＥ ＴＥＡＭ」になっていた。

この試合で日本代表チームは真の「ＯＮＥ ＴＥＡＭ」になり、続くサモアとスコットランドとの試合にも勝利し、日本ラグビーの歴史を見事に塗り替えたのだ。

「ONE TEAM」はチーム全員で決めたスローガンだった

ワールドカップ初出場から28年間でわずか1勝しかできなかった日本代表チームが２０１５年大会で3勝、そして日本で開催された２０１９年大会は4勝をあげ、初のベスト8入りを果たした。

ここまでの成長を遂げた背景には、エディー・ジョーンズとジェイミー・ジョセフという二人の偉大なリーダーの手腕が大きいのは、もはや言うまでもないだろう。

世界で勝つためには、どうしたらいいのか。

それを熟知するエディーとジェイミーという二人の異なるリーダーは、それぞれの信念と哲学を貫き、日本代表チームが世界と互角に戦えるまでのチームをつくりあげた。

エディーは、ハードワークと徹底したマネジメントで、日本代表チームに「日本人でも世界と戦える」という共通認識を選手たちに浸透させていった。

ジェイミーもまた、ハードワークは踏襲しつつも、選手の主体性を尊重したチームづくりを目指した。

10人のリーダーグループを構成し、選手たちが自ら考え、自ら答えを出させることで「ONE TEAM」を成熟させていった。

実は、「ONE TEAM」というスローガンはジェイミーがひとりで考え出したものではなく、選手たちと一緒に考えたというのはジェイミー本人の弁だ。

多くの人が、この「ONE TEAM」は監督であるジェイミーが決めて選手たちに伝えたものだと思っていたようだ。だが、ジェイミーが言うにはそれは違う。「みんなで考えたのだ」と。

ここに、ジェイミーがいかに選手の主体性を重んじたのかが表れているのではないだろうか。もし、ジェイミーがニュージーランドのラグビースタイルや指導法を日本代表選手たちにただ押しつけただけであれば、きっとうまく機能しなかったかもしれない。

企業や組織でも、企業理念やスローガンといったものがある。

だが、多くの場合は創業者や企業のトップによって決められたものではないだろうか。上から押しつけられたような企業理念やスローガンでは、やはり「笛吹けども踊らず」といったことも少なくない。

そこでトップだけではなく、ミドルリーダーと社員が一丸となって企業が進むべき道や目標を主体的に考えていく。

そこには、いかにトップがミドルリーダー、社員を信じ、ミドルリーダーと社員がトップを信じられるかどうかにかかっているのだ。

チームメンバーの約半数を、海外出身選手で占められたラグビー日本代表チーム。多様な言語、文化、そしてさまざまな考え方や性格を持つチームメンバーが互いを尊重し、そして互いを１００パーセント信じることができたことで、「ＯＮＥ ＴＥＡＭ」は完成したのである。

第2章

「ONE TEAM」一体感のある組織を目指そう！

相手を受け入れる姿勢から「ONE TEAM」は始まる！

ここまでは、ラグビー日本代表チームがいかにして「ONE TEAM」を築き上げていったのかについて述べてきた。そのヒントが、少しでも掴めただろうか。

ここからは、さらに「ONE TEAM」になるための具体的な方法について、私の経験を交えながら踏み込んでいきたい。

まず、私なりに今回のワールドカップを振り返ると、「なぜ、ラグビーの〝ラ〟の字も知らなかった多くの日本人が、これだけの盛り上がりを見せたのか？」ということを記さずにはいられない。

少し前までは、多くの日本人からこんな声が聞こえてきたものだ。

「ラグビーって、ルールがよくわからない……」

「日本代表なのに、外国人だらけっておかしくない？」

たしかに、野球やサッカーと違ってラグビーはプロ化が進んではいるものの、日本国内ではまだアマチュアスポーツだ。

以前から根強いファンはいるものの、ニュージーランドのようなラグビーが文化であり、生活の一部として根付いているわけでもない。

だが、日本で開催されたワールドカップは私の想像をはるかに超えるほどの盛り上がりを見せた。いったいなぜ？

ラグビー弱小国と呼ばれた日本代表チームが予選プールを全勝で初のベスト8進出を決めたからだろうか。たしかに、それも一理あるかもしれない。

だが本当の理由は、言語も文化も違う、さまざまなルーツを持つ7か国15人の海外出身選手を含む31人で構成された日本代表チーム一人ひとりが互いを受け入れ、日の丸が袖に縫われたジャージーに身を包み、「ＯＮＥ ＴＥＡＭ」になって懸命に戦う姿に多くの日本人が感動したからではないだろうか。

「はじめに」でも少し触れたが、ラグビーは他のスポーツの代表資格とは異なり、以下の3つの条件のうちひとつでも当てはまれば日本代表の資格が得られることになっている。

・出生地が日本である
・両親、または祖父母のうちひとりが日本出身である
・日本に3年以上継続して居住している

三番目の「日本に3年以上継続して居住している」については、2020年12月31日から5年以上の条件に変わることになっている。

いずれにせよ、こうした条件のもとに約半数にも及ぶ海外出身の選手たちも含めて日本代表選手たちは構成され、信頼と責任を持ってそれぞれの役割を果たし見事なまでの「ONE TEAM」ぶりを発揮したのだ。

こうした日本代表チームの話から、日本で働くビジネスパーソンが学べることがきっとあるはずだ。

ビジネスという世界においても、「グローバル」「ダイバーシティ」という言葉が浸透しているが、それだけではない。

たとえ日本人同士であっても、年齢や性別が違うだけで考え方や行動パターンだってさまざまに違う。そうした人たちが同じ会社、部署で働いているわけだ。

さらに言えば、働き方改革によって私たちの働き方すら多様化してきている。

そんななかで**日本代表チームのように「ONE TEAM」になって成果を上げていくために、まずは「相手を受け入れる」ということが重要なのである。**

社長とミドルリーダー、ミドルリーダーと社員にしても、一人ひとりによって価値観は違う。その価値観を理解することは難しいが、受け入れることは今すぐにでもできることだと私は思っている。

選手が互いを受け入れたことによって、日本人の強みと外国人の強みが融合することで、日本代表チームは何倍ものパワーを手に入れることに成功したように、**会社組織でもさまざまな考え方や価値観を持つ人間たちが互いを受け入れることで、より強いチームが生まれるのである。**

言葉に出して「違い」を知ることで一体感は強固になる！

このように、多くの海外出身選手を交えて構成された日本代表チームは一体感を示し、「ONE TEAM」はより強固なものとなった。

だが、その道のりのなかでヘッドコーチのジェイミー・ジョセフも含め、多くの選手間で時に衝突するほどの意見の食い違いがあったという。

さまざまな個性やアイデンティティーを持った人間が集うなかで成果を上げていくためには、できるかぎりはっきりと言葉として口に出し、互いの意見をすり合わせて明確化するコミュニケーションが必要なのである。

こうした経験は、私自身も痛いほど味わってきた。これは、私がサントリーで現役選手だったころのエピソードだ。

当時のサントリーには早稲田大学、明治大学、日本体育大学、青山学院大学など、ラグビーの強豪校で活躍したプレーヤーが数多く在籍していた。

ある日の練習で「飛ばし横」というサインプレーの練習をしていたときのことだ。

飛ばし横とは、スクラムハーフからスタンドオフにボールが渡り、スタンドオフから第1センターを飛ばして第2センターにボールを送り、フルバックがその横に走り込んでボールをもらうという単純なサインプレーだ。

サントリーの練習でフルバックだった私はこのとき、明治大学出身の第2センターの選手からボールをもらう手筈だったが、走り込んだ私とその選手の間にボールがポトンと落ち、そこで当然プレーが止まった。私は彼に近づいてこう言った。

「何してるんだよ、ちゃんと俺に放れよ！」

すると、明治出身の選手から思いもよらない言葉が返された。

「今泉さんこそ、僕のすぐ横に来なきゃダメじゃないですか！」

「はあ？　お前何言ってるんだ！　飛ばし横なんだから俺が外のスペースに走るから、素早くそこにパスしろよ！」

そこからはお互いに一歩も引かず、他のメンバーを巻き込んでの大激論。そこへ、右ウイングの日体大出身の尾関弘樹がこのように口火を切った。

「我々のチームは早稲田でも明治でもないんです。サントリーとして飛ばし横を確立していく必要があるんじゃないでしょうか」

この発言にみんなが納得して、具体的な飛ばし横のサインプレーについて話し合いをすることができた。ここではっきりしたのが、飛ばし横というごく簡単なサインプレーでも早稲田と明治ではまるで考え方や動きが違ったことだった。

そして、ここであるひとつの疑問が湧いてきた。

飛ばし横という、ごく単純なサインプレーでもこうした違いがあるならば、他のプレーでも違いがあるかもしれないということだった。

そこで、その日はその練習が終わってからみんながミーティングルームに集まり、ホワイトボードに自分たちがやっているサインプレーやフォーメーションなどをすべて書き出し、メンバー全員の〝頭の中〟にあるものを意思統一していく作業に没頭した。

その甲斐もあって、この年は強敵だった神戸製鋼に勝つという快挙を成し遂げることができた。

会社や部署といったチーム組織のなかでも、こうした教訓は同じだ。

暗黙の了解で「わかってくれるだろう」と安易に考えていると、そこにはとんでもない落とし穴が潜んでいるかもしれない。

チームを一体感ある強固な組織にするためには、ときに、激しくぶつかり合うかもしれない。

だが、それでも言葉に出してしっかりと意思統一していくことが重要なのである。

チームの一体感が小さくきれいな円陣をつくり出す

私にはちょっとした特技がある。

それは、長年ラグビーに携わってきた経験と直感から、試合前にウォーミングアップする両チームの様子を観るだけで、どちらのチームが勝つのかがおおよそわかるというものだ。

では、どこを見て勝つチーム、負けるチームを予測しているのか。

それは、監督やコーチが集合を掛けたときの円陣の形である。

勝つチームがつくる円陣というのは、「集合！」という合図がかかると、選手たちはグラウンドのどこにいてもサッと迅速に集まり、小さくきれいな円形を描く。集まった選手たちはみんなが前傾姿勢で、注意深く聞き耳を立て、監督やコーチの話を聞き逃さないように集中している。

対して、負けるチームがつくる円陣はどうだろうか。集合の合図がかかってもダラダラと集まり、その形も大きくデコボコした楕円形のようで整然としていない。

円陣に集まった選手たちの話を聞く姿勢は、のけぞった状態のメンバーもいれば、何やら体を常に動かしている選手もいる。酷いときには、隣の選手とムダ話をしている選手もいる。スタンドから眺めていると、とても人の話を聞こうとしているようには見えない。

では、**勝つチームと負けるチームの間にはどんな違いがあるのか。**

それは、チームの一体感の示し方だと私は思っている。

監督やコーチ、選手たちの試合に対する覚悟や、チームに貢献しようという強い思いが、結果として円陣の形となって表れるのである。

では、意図的に小さくきれいな円陣をつくれば試合に勝てるのかといえば、それはイコールではない。

なぜなら、形だけ整えてもそこにチームの一体感がなければ、全く意味をなさないからだ。

どちらのチームも日々の練習において、「最高のパフォーマンスを発揮してチームの勝利に貢献したい」という思いでハードな練習をしているにちがいない。

それはビジネスの世界でも同じで、皆必死で仕事に取り組んでいるはずだ。

だが、チームに一体感がなければ、当然ながら小さくきれいな円陣をつくることはできない。

実はこの「一体感」が、「ONE TEAM」になるうえで極めて大事なポイントになっているのだ。

今回のワールドカップでも、試合開始直前になると日本代表チームのロッカールームがテレビカメラで映し出されていた。

そこで選手たちが必ず円陣を組んでいるのだが、リーチ・マイケルがゲームプランを話していたり、ジェイミー・ジョセフがチーム全体の士気を高めているのだが、やはり円陣がコンパクト、かつきれいな円の形をしていることに気づく。「絶対にこの試合に勝つ」という目的を達成するためにプランを確認し共通認識を高めていく。

そのためには自分の強みや味方の強みをどう活かし、グラウンドでどう実行するのか。それを円陣というひとつの儀式を通じて形づくることで、しっかり共有する。そこにチームに一体感が生まれ、試合でベストを尽くすことができていたのだ。

これが、ウイニングカルチャーを創造できる「ONE TEAM」のあるべき姿であり、円陣の形を見ればどちらが勝つかわかるという根拠でもある。

もちろん、ビジネスシーンにおいて円陣をつくるということは、よほどのことがないかぎりあり得ないかもしれない。

だが、「水は低きに流れ、人は易きに流れる」という言葉がある。

これは、水が自然と低いほうに流れていくように、人は安易なことを選び、つい手を抜いてしまいがちだといった意味を持っている。

会議や打ち合わせひとつにしても、時間前には迅速に集まる。相手の話に集中して耳を傾ける。こうした当たり前のことを当たり前のようにやることは、「ONE TEAM」になるうえで最低限必要なことなのだ。

結果を出せるチームに共通する「凡事徹底」の意識

「オールブラックス」


ラグビーファンでなくとも、一度はこの名前を耳にしたことがあるはずだ。

漆黒のジャージーを身に纏った、ニュージーランド代表のラグビーチームである。

彼らが世界最強とも呼ばれる超一流のラガーマンであることは、もはや説明するまでもない。

実際に、私自身オールブラックスに選ばれるような選手とグラウンドで汗を流し、寝食を共にしてきたことで、実に多くのことを学んだ。

彼らと一緒にプレーしたことで、ラグビーのスキルや考え方以上に学んだことがある。それは、「当たり前のことを当たり前にやる」という真摯な姿勢だった。

しかも、オールブラックスに選ばれるような選手たちは、この当たり前のことを、人が真似できないほど一生懸命に取り組むという意識の強さがあった。

それは何もラグビーに限られたことではなく、日常生活における立ち居振る舞いや言動にも表れていたことに驚いた。

そんなオールブラックスもその昔、低迷期と呼ばれた時代があった。「自分たちに勝てるチームなどない」という驕りや、私生活での乱れを度々メディアに取り上げられていたころのことだ。

そのことにより国民からバッシングを受けた彼らは、オールブラックスをもっともサポートしてくれている自国のファンにさえ、握手やサインといったファンサービスをないがしろにした。

では、オールブラックスはそんな低迷期をどのように脱したのか。

それは、グラハム・ヘンリーがオールブラックスの監督に就任したことに始まる。彼は真っ先にチームの綱紀粛正に手をつけた。そのために、このようなスローガンを掲げたのだ。

〝Better people makes better All Blacks〟（素晴らしい人間が素晴らしいオールブラックスになる）

私はこの言葉を、「オールブラックスの一員としてではなく、人間としての生き方そのものがオールブラックスのウイニングカルチャーをつくりあげる」と解釈している。

有名なエピソードとして、オールブラックスのような世界最強チームが、自分たちの使ったロッカールームを必ず掃除してから帰るということを徹底していることがある。

こうした具体的な行動に結びつけていける人間の集合体が、勝てるチームとしての確固たるマインドセットを形成している。

「凡事徹底」

この言葉は、結果を出すチームや組織に共通する意識である。


凡事徹底とは、当たり前のことを徹底しておこなうという意味だ。

簡単なようでなかなか難しいわけだが、現在オールブラックスの強さの背景にあるのが、この当たり前のことを当たり前にやるという凡事徹底主義だ。

ラグビーでいえばパス、キャッチング、キック、タックルなどの基本スキルをひたすら磨き続ける。なぜなら、世界一のラグビーチームであるオールブラックスの選手に選ばれるということは、世界一熾烈な競争を勝ち抜いた選手たちだ。ちょっとでも油断すればいつでも自分の代わりになれる選手がいることを彼らは知っている。

だからこそ、日々の練習でベストを尽くし、試合ではどんな相手であっても全力で倒しに行く。オールブラックスの一員として凡事徹底の精神を持って常にベストパフォーマンスを心がける。

こうした当たり前を大事にしながらチームのレベルアップを図る努力をしているのだ。

思いやりがなければチームの一体感は生まれない

ラグビーならではのプレーのひとつに「スクラム」がある。

ボールを前に落とす「ノックオン」やボールを前に投げてしまう「スローフォワード」といった反則があったときに、15人の選手のうち前にいる8人の「フォワード」と呼ばれる屈強な選手たちが相手と押し合うプレーである。

このスクラムを組むとき、８人全員が精一杯の力を出し合い、心をひとつにして相手に立ち向かう。誰かひとりでも力を抜いたり、前に押し出すタイミングが合わなければ、たちまちスクラムは崩れてしまう。まさに、ラグビーのチームプレーのなかでも極めてチームワークが必要とされるプレーである。

今回のジェイミージャパンの強さの秘訣として、このスクラムの一体感があげられる。

私は日頃、子どもたちにラグビーを教える機会がある。

こうしたスクラムプレーを成功させるための秘訣を子どもたちによく聞かれるのだが、たったひとつ教えることがある。

「いいか、スクラムで大事なのは一体感なんだ。そのために必要なのは相手を思いやる心なんだよ」

このような話をすると、決まって思い出すエピソードがある。それは私が現役を引退してからまもなく、母校である早稲田大学ラグビー部のコーチに就任したときのことだ。

ある5月の暑い日、選手たちはいつものようにハードな練習に汗を流していた。

早稲田では、練習中に水を飲む時間をあらかじめ決めているわけではなく、練習をサポートする学生トレーナーが選手たちのために水の入ったスクイーズボトルを用意してくれている。練習に区切りがつくと、選手たちはいっせいにトレーナーたちに群がり、水を飲んではまた練習へと戻っていく。

そのとき、私の目に飛び込んできたのは泥だらけのスクイーズボトルだった。それをトレーナーがひとつずつ拾い集めると、次の練習が終わる前までに丁寧に洗っていた。私は練習を止めて、選手たちを集めた。

「みんな、今日は暑いよね。喉が渇くから水を飲むよね。でも、誰がこの水を用意してくれているんだ？　君たちの練習をサポートしてくれている学生トレーナーたちだよね。その用意をしてくれた水を飲んだあと、みんなはどうしている？　スクイーズボトルを投げ捨てているよね」

選手たちは、まだ自分たちがとった行動に何も気づいていない様子だったので、私はこう続けた。

「何か気がつかない？　早稲田ラグビーの理念は、『ラグビーを通して人々に、勇気と感動を伝える』だよね。いくら練習がハードだからって、自分のことしか考えられないでいいのかな？　いくら一生懸命練習して試合に勝てたとしても、自分たちをサポートしてくれている人に対して思いやることができない人間が、試合を観た人たちに勇気と感動を伝えることが果たしてできるのかな？」

ラグビーとは、みんなでボールをつないでいくスポーツだ。たとえ自分が苦しい状態になったからといって、相手のことを考えずにパスをしているようではトライは生まれない。**味方が苦しいときこそフォローに行く、みんなで助け合う思いやりの姿勢が勝つためには必要不可欠なのだ。**

私が話し終わると、しばらくグラウンドには沈黙が訪れたが、キャプテンが口火を切り、全員を集めて何やら話をし始めた。

そのあと練習はすぐに再開されると、学生プレーヤーたちの行動に変化が出始めた。それは、誰ひとりとしてボトルを投げ捨てる者がいなくなったことだ。

こうした小さなことの積み重ねが、チームに一体感を生んでいくのだ。

「アンダースタンド」コミュニケーションで一体感を生む

私はさまざまな企業などで、長いラグビー人生で培った経験をビジネスに活かすための講演やセミナーを数多くおこなっている。

そのなかで、もっとも多くの人が悩んでいること、それはコミュニケーションである。

円滑なコミュニケーションは、ラグビーにおいてもビジネスにおいても勝利や成功を収めるうえで欠かせないものだということは、誰もが理解しているはずだ。

では、そんなコミュニケーション能力に必要な要素とは、どんなものがあるだろうか。


「相手の話を理解し、気持ちを察する能力？」

「自分の考えや気持ちを伝える能力？」

たしかに、これらはコミュニケーションに必要な極めて基本的な能力とされている。だが、私がもっとも大事にしている要素はちょっと違う。

私は講演やセミナーで、決まってこのような話をする。

「皆さん、英語でアンダースタンド（understand）という言葉がありますよね？　直訳すれば『理解する』という意味です。実はこのアンダースタンドこそ、コミュニケーションにおいてもっとも大事なことなのです」

このような話をすると、多くの人がほぼ例外なく「なるほど！　コミュニケーションに必要なのは相手を理解するということなんだな」と解釈するようだ。

これは的を射た理解のようだが、実はそういうことではない。

私が言う「アンダースタンド」コミュニケーションとは、相手を理解するためにその人の下（アンダー）に立つ（スタンド）つもりで物事を考えたり、伝えたりしていくという意味が込めら

れている。

スポーツでもビジネスの世界でも、知識や経験、あるいは役職の違いによってコミュニケーションが指示・命令といった一方通行になってしまっていることが極めて多いと感じる。

つまり、「上から目線」の指示や命令であれば、そこには「ONE TEAM」になるための本物のコミュニケーションは生まれにくいのだ。

自分の個性と味方の個性を最大限に引き出すためには、誰もが相手よりも低い立場、低い目線でコミュニケーションを図っていく。

それによって、監督と選手、あるいはベテランと若手がベストミックスするチームが完成される。これがアンダースタンドのコミュニケーションの本質である。

常に相手の立場に立って物事を考えたり、伝えたりするアンダースタンドなコミュニケーションという考え方は、私がニュージーランドで一緒にプレーしたグラント・フォックスやショーン・フィッツパトリックといった往年のオールブラックス選手から学んだことだった。

彼らは、オールブラックスにも選ばれるほどの一流選手だ。世界一のラグビーチームのメンバーであれば、「お前は俺の言うとおりにやっていればいいんだ」と上から目線になってもいいだろう。だが、彼らは違った。
「キヨシはどんなプレーがしたいんだい？」「俺がどうすればキヨシはやりやすいかな？」といったように私と対等、いや、それよりも低い謙虚な姿勢で私とコミュニケーションをとってくれた。それは監督と選手も同じである。

これは、日本ラグビーの歴史を塗り替えた日本代表チームにもあてはめることができる。ジェイミー・ジョセフとコーチ、そして選手たちが持っている共通認識、すなわち「ＯＮＥ ＴＥＡＭ」という明確なチームコンセプトがあったからこそ、選手たちはいついかなる状況であっても積極的に「自分はこうしたい。みんなはどう思う？」という意思表示を遠慮なくジェイミーに示すことで、フラットなコミュニケーションがより活発になり、チームに対話文化を築き上げていったのだ。

〝全員リーダー〟の精神がチームに一体感をもたらす

日本代表チームの監督であるジェイミー・ジョセフは、前任の監督だったエディー・ジョーンズによって築き上げられたストラクチャーを基本とした戦術に、アドリブ戦術の導入を試み、エディー時代に「今後の課題」とされていたアンストラクチャーの強化を図ることになった。

ストラクチャーとは、攻撃も守備も陣形が整った状態のことを意味する。

例えば守備から攻撃へ切り替わるとき、ボール運びをどうするかをあらかじめ決めておき、そのとおりの攻撃態勢に持っていく。いわゆる〝約束事〟のようなものだ。

一方で、ジェイミーはアドリブ戦術の最たるものをアンストラクチャー戦術とした。

例えば相手からのキックをキャッチしてからのカウンターアタックや、ターンオーバー（攻守が逆転すること）が発生した場合など、攻撃も守備も陣形が整っていない状態のことをアンストラクチャーという。

このアンストラクチャー戦術の強化において、重要なポイントになるのはポジションごとの連携や各選手の意志の疎通である。

事実、エディー時代のワールドカップでのトライのうち、アンストラクチャーによるトライがゼロだったのに対し、ジェイミーが率いた日本代表チームではオールブラックスと同様にアンストラクチャーによるトライを量産した。

その要因には、第1章でも述べたとおり「ＯＮＥ ＴＥＡＭ」の旗印の下、10人のリーダーを指名し、「ひとりのリーダーに頼らないチーム」を築き上げたことが大きいと私は分析する。

私は講演で常々、「キャプテンとリーダー。この違いがわかる人はいますか？」という質問を聴衆に投げかける。

だが、意外にもこの違いを明確に答えられる人は少ない。

ではまず、「キャプテン」という言葉から考えてみたい。

キャプテンという言葉は、「船長（captain）」という単語からきている。

船上での最高責任者が船長であり、会社であれば社長、ラグビーでは監督が最高責任者だ。

船長や社長であれば、現場で直接指示や命令をおこなうことができるが、ラグビーの世界ではそうはいかない。なぜなら、監督が試合中にピッチに立つことができず、直接指示や命令することはできないからだ。

そこで、キャプテンという存在が試合中のピッチ上における最高責任者としての権限を与えられ、試合のあらゆる局面における〝舵取り役〟になるのだ。日本代表チームではリーチ・マイケルがその役を担っていた。

では、リーダーはどうだろうか。

リーダーという言葉は、「導く（lead）」という単語からきている。

つまり、チームが勝利という目標に向かう際に、年齢や役職など関係なく自分の得意分野で先頭に立ってリーダーシップを発揮しメンバーをゴール地点まで導いていく役割。これがリーダーである。

リーダーとはキャプテンのような権限を持つ必要がないため、ラグビーであればたとえルーキーでもなれるし、会社であれば新入社員でもなれるということだ。

付け加えるならば、キャプテンは一つのチームにひとりでなければならない。

なぜならいうまでもなく、舵取り役が何人もいれば、チームはたちまち行き先を見失ってしまうからだ。

だが、リーダーは何人いてもいい。

チームのなかで戦術を共有し、その局面においてもっともチームに貢献できる者が、臨機応変にリーダーシップを発揮してチームの先頭に立つ。

もっといえば、全員がリーダーであるべきというのが私の考え方だ。

ビジネスの世界に目を向けても、リーダーシップという言葉は飛び交っているが、多くのビジネスパーソンは、「リーダーシップとは役職やポジションについている人間に与えられた責任と役割」であると勘違いしているのではないだろうか。だが、こうしたひとりのリーダーに依存した組織というのは、チームとしての一体感をつくることができない。

リーダーの本質とは、「ある物事について専門的によくわかっているスペシャリストが流動的になるもの」であると理解しなければならない。

チームのなかで「俺はこの分野ではリーダーシップを発揮してチームの勝利に貢献できるんだ」という姿勢を示すこと。そして、他のメンバーはそうしたリーダーシップをしっかりフォローしていくこと。

このリーダーとフォロワーの密接な関係性を持つことが「ONE TEAM」になるためには必要不可欠なのだ。

「貢献の連鎖」が揺るぎないチームの関係性を築く

私が早稲田のラグビー部に入部したとき、150人を超える部員がいた。当然ながらレギュラー争いも熾烈なものがあった。私は運にも恵まれ、一年生のシーズン途中からレギュラーとして試合に出られるようになったが、なかには4年間レギュラーになれずに終わる部員もいた。

私は高校時代までフランカーとしてプレーしていた。フランカーと言えば、日本代表チームでは主将のリーチ・マイケルがプレーする攻守の要ともいえる花形のポジションである。

だが、当時早稲田の監督だった木本建治さんにキックの才能を見出され、ウイングにコンバートされ、試合の行方を左右するキッカーの役割を担うことになる。

一年生という立場にありながら、自分のキックで試合の勝敗が左右されるポジション。プレッシャーを感じないわけがない。

それでも、自分のキックの精度が上がれば、チームの勝利に貢献できる。そんな気持ちで自分と向き合い、必死に練習に取り組んだ。

調子が悪いときには、全体練習が終わってから2時間以上、足がつるまで黙々とゴールに向かってキックを蹴り込んだこともあった。

あるとき、思うようにキックが蹴れない自分に苛立っていると、試合に出られない何人かの四年生が自分たちの練習を止めて、何も言わずに私が蹴ったボールの球拾いをしてくれたことがあった。

そんな四年生の姿を見た私は、心底自分が情けなくなった。

試合に出たくても、出ることができない部員たちもいるのだ。そんなチームメイトの貢献の思いが、蹴り返してくれるボールに伝わってきたとき、私は涙を止めることはできなかった。

「このチームには自分を支えてくれる人がこんなにもいるんだ。試合に出られないこの先輩たちのためにもベストを尽くすしかない！」

そうした気持ちで、必死になって練習に励んだ。

日々のつらい練習を共におこない、競争意識が生まれ、切磋琢磨してポジション争いをしている仲間だからこそ、最後には「今泉なら俺が出られなくてもしょうがない。こいつのために何か役に立ちたい」という貢献の精神が芽生えていった。これが「ＯＮＥ ＴＥＡＭ」のあるべき姿だと私は思う。

気づけば、全体練習後のゴールキック練習でボールを拾ってくれる先輩たちが増えていった。貢献の連鎖である。

私が必死で努力している姿に、「サポートしよう」「何か役に立ちたい」と考えてくれる先輩がどんどん増えていったのだ。何も語らない先輩たちの思いが、私の胸に一体感として伝わってきた。

私が現役時代、日本の大学ラグビーで順当に勝ち進むと、「最後の公式戦」は社会人の優勝チームと戦う日本選手権の決勝戦となる。

１９８７年1月15日、決勝まで勝ち進んだ早稲田の対戦相手は東芝府中。舞台となった４万８千人収容の国立競技場は超満員、まるで地鳴りのように歓声が響いた。

「今泉が試合に出るのは当然だ。しっかりサポートしていこう」と思わせるプレーを先輩たちに見せる。そう思いながら懸命にプレーした。

ところが、試合開始早々、私は唇が裂ける怪我を負ってしまう。それでも、キッカーである私が蹴るゴールキックはすべて成功させた。

両者譲らず、拮抗した試合展開が続いたが、土壇場で早稲田のベンチに近いところでペナルティを獲得した。

そのキックを蹴るとき、これまで私の練習を手伝ってくれた四年生の声援が聞こえた気がした。その瞬間、私はこれまで自分を犠牲にして私の練習に付き合ってくれた四年生の姿が頭の中をよぎり、「先輩たちの貢献を絶対に無駄にしない。絶対に決める」と強く思った。

その瞬間、不思議と緊張感はどこかに消えてなくなった。平常心で蹴ることができたボールは先輩たちの熱い思いを乗せ、きれいな放物線を描きながらポールとポールの間に吸い込まれ、早稲田は見事日本一に輝いたのだった。

チームの「共通言語」を見つけ出せ！

私が現役を引退してすぐの2001年、ある方から連絡をいただいた。清宮克幸さんだ。早稲田大学ラグビー部で私のひとつ先輩にあたり、早稲田のみならず、サントリーでも共に汗を流した「戦友」と呼べる人だ。

清宮さんの功績をここで詳しく説明するまでもないが、現役時代は早稲田で全国大学選手権と日本選手権で優勝、その後サントリーでも全国社会人大会と日本選手権で優勝という、輝かしい戦績を持つ。

そんな清宮さんから私は、このような話をされたのだ。

「**俺は現役を引退する。そして早稲田の監督をやることになった。清をコーチとして招聘したい。俺の右腕となって働いてくれないか**」

私は、清宮さんほどのリーダーシップを持った人と仕事ができるワクワク感から、即答でこのオファーを快諾した。

清宮さんのリーダーシップについては、後の第４章で詳しく触れることにするが、清宮さんが早稲田の監督に就任したときの、あるエピソードをここで紹介したい。

当時の学生王者は早稲田ではなく、関東学院大学だった。そこで、清宮さんは「王者である関東学院を倒す」という明確な目標を部員たちに与えた。

それと同時に、清宮さんは部員たちにあるアンケートに答えさせた。「自分たちの強みと弱みは何か？」についてである。ところが、部員たちの大半から出た回答は、強みよりも弱みのほうが多かった。それでも清宮体制での1年目、早稲田は対抗戦優勝、大学選手権では準優勝という成績を残した。

シーズンが終了すると、清宮さんは部員たちにもう一度同じアンケートに答えさせた。すると、多くの部員たちが自分たちの強みをしっかり書けるようになっていたのだ。

迎えた2年目のシーズン。早稲田が掲げたスローガンは、「ULTIMATE　CRUSH（アルティメット・クラッシュ）」。「徹底的に相手を叩きのめす」という意味のスローガンである。

実は、こうしたチーム全員が共通言語をチーム全員がしっかりと理解したうえで共有していると、やるべきことが明確化されやすいといえる。

日本代表チームの「ONE TEAM」というスローガンも、まさにその好例といえよう。つまり、こうしたビジョンを示すことで自ずと目指すベクトルが定まり、チームの一体感をより高めてくれるのだ。

ではなぜ、この「ULTIMATE CRUSH」というスローガンが生まれたのか。そこには、ある苦い経験が隠されている。

それは、清宮体制1年目の大学選手権決勝戦にさかのぼる。相手は王者関東学院だったのだが、この試合で早稲田は16対21で敗れた。

勝負の世界に身を置けば、勝つときもあれば負けるときだってある。だが、この日の負けは相手にちょっとした隙をみせてしまったことにあった。

そこで、2年目はどんな相手でも全力で叩き潰す。一瞬の隙も見せずに徹底的に勝ちきる。そうした意志のもと、このスローガンが生まれたのだった。

この苦い経験から導き出された課題を次に生かすため、必要なスキルを身につけるための練習に徹底的に取り組んだ。

とくに力を入れたのが対人プレー、つまりはボディコンタクトの強化と、スクラムやラインアウトといったセットプレーだ。そしてついに、早稲田は27対22で関東学院に勝利し、13年ぶりに大学選手権の栄冠を手に入れた。

その後も清宮さんは監督として次々とタイトルを獲得していき、早稲田はふたたび常勝軍団と呼ばれるまでに変貌した。

さらに圧巻なのは清宮体制5年目、２００６年の第43回日本選手権の準々決勝。早稲田はその年社会人トップリーグで優勝目前だったトヨタ自動車と対戦したのだが、接戦の末トヨタを28対24で破り、大学チームとしては18年ぶりに社会人チームに勝利するという快挙を成し遂げた。

まさに、清宮体制が5年という歳月をかけて実らせた大きな成果だった。

「ONE TEAM, ONE HEART」で心をひとつにする

私のラグビー人生で最大の屈辱を、今でも決して忘れない。いや、今となっては忘れてはならないとさえ思っている。

1995年6月4日。

この日は、第3回ラグビーワールドカップが開催された南アフリカで、日本代表チームはニュージーランド代表オールブラックスと対戦した。私もこのとき、日本代表チームのメンバーとしてワールドカップに参加していたのだが、当時のメンバーは平尾誠二さんをはじめ、多くのスター選手を擁していた。

「17対145」

日本代表チームは、主力を温存したオールブラックスに屈辱的な惨敗を喫し、後に試合のあった開催都市の名をとって「ブルームフォンテーンの悲劇」と呼ばれ、日本国内のラグビー

人気は地に落ちていった。このような大差での敗戦は現在に至るまでワールドカップ史上ワースト記録である。

たとえオールブラックス相手であっても、なぜこのような大差で負けたのか。

相手を分析し、それに備えたトレーニングをするといった準備、どのような戦術で戦うのかといった意思疎通、そして世界王者であるオールブラックスに立ち向かう勇気。そのすべてが欠落していた。

だが、私が日本代表チームの一員としてもっとも感じたこと。それは、何が何でも勝つという強い気持ち。つまりは意識の部分だった。

ワールドカップ期間中ともなれば、選手たちは食事面や外出許可など、厳しく管理されるわけだが当時は違った。

代表選手たちは、練習が終われば気晴らしにカジノに出向いてお酒を飲みながら朝までカジノ三昧。監督やコーチ、スタッフはゴルフ三昧。大会期間中、日本代表チームの警備を担当してくれた人たちが、「お前たちはワールドカップに何をしに来たんだ？　カジノやゴルフをしに来たのか？」と呆れていたほどだった。

実際にはこの試合、私は出場することなくベンチで業を煮やしながら観ていた。

ニュージーランドで本場のラグビーを経験した私にとっては、チーム一丸となって勝ちに行く意識のない日本代表チームに落胆した。

だが、私自身は初めてのワールドカップということもあり、期待に胸を膨らませていた。相手は世界王者のオールブラックス。自分の実力を試すには最高の相手であり、「よし、やってやるぞ！」と意気込んでいた。何より、私が出場していいプレーをすれば、私を成長させてくれたニュージーランドへの恩返しにもなると考えていた。

だが、いくら私や志の高いメンバーがストイックに練習に取り組んでいても、チーム全体が足並みを揃えなければ、結局は勝つことはできない。それが、１４５点取られたことにも表れている。

「**チームとして、勝利したい！**」
「**チームのために、貢献したい！**」

こうした共通認識というものは、チームや組織のなかにいる人間すべてが持ち合わせているだろう。

だが、結果の出ないチームや会社組織というのは、こうした共通認識が曖昧なことが多く、目標と行動が伴っていないと感じる。

そこで必要なマインドセットが「ONE TEAM，ONE HEART」なのだ。

「ひとつのチーム、ひとつの心」、これが何を意味するのかといえば、チーム全員が確固たるひとつの覚悟を持ち、目的や目標、手段を明確にすることである。

これを実践したのがエディー・ジョーンズとジェイミー・ジョセフであり、それを信じて努力し続けた選手たちなのだ。

ここまで述べてきたとおり、「ONE TEAM」であることはもちろん大切なのだが、さらに一体感のあるチームをつくるためには、「ONE HEART」になれるかどうかが重要なのである。

ひとつのチームにひとつの心が生まれれば、危機的状況を打破するだけでなく、チームや組織は見違えるほど強くなっていくのだ。

第3章

「ONE TEAM」メンバーの積極性を高めよう！

どこか油断のあるチームには積極性は生まれない

この章では、「ONE TEAM」になるためのメンバーの積極性やモチベーションの高め方を解説していきたい。

私は大分県の出身で、高校はラグビーの強豪校として知られる大分舞鶴高校で3年間汗を流した。高校ラグビーの聖地とも称される「花園」に出場して活躍し、高校日本代表にも選ばれた。

私は二年生からレギュラーポジションを確保したのだが、当時の大分舞鶴は世間的にこのような評価をされていた。

「今年の大分舞鶴は花園でもベスト4に入るくらい強い」

たしかに、このときのチームはまとまりもあり、「県予選なんて余裕でしょ」といった空気がチーム内に蔓延していた。だが、勝負の世界はそんなに甘くはない。とくに、強いとされるチームは必ず相手に研究されるものだ。

そうしたなかで花園出場をかけた大分県予選は幕を開け、私たち大分舞鶴は順調に勝ち上がっていき、決勝戦の大一番を迎えた。相手は飛騨誠（後に明治大学で副主将を務め、神戸製鋼で活躍）を擁する大分水産高校だった。

大分舞鶴が圧倒的に優位であったことは間違いない。だが、大分舞鶴は大分水産に敗れ、花園出場は夢と散った。

敗因は大きく2つあると私は分析している。

ひとつは、情報戦である。

大分水産は、私たちのチームをクセや弱点、選手一人ひとりのプレーの特徴などを徹底的に研究し、対策を練っていた。

「今泉を動かすな」「連係プレーを封じ込めろ」とそれぞれのメンバーの役割が明確だった。実際に、試合では私へのチェックが早く、ボールを持って動けなかった。さらに、私たちが得意としていた連係プレーやサインプレーはことごとく相手に封じ込まれ、自分たちのラグビーができなかった。いや、させてもらえなかったと言ったほうが正しいかもしれない。

そしてもうひとつの敗因。こちらのほうがチームとして大きな問題だった。

それは、「油断」だ。

ちょうどこの大会の1か月前、大分水産とは戦っていた。そのとき、私たちは大差で相手を下していた。そのことに加えて「全国ベスト4に入る」とおだてられてもいた。

今となっては反省しきりだが、慢心を生む条件がいくつもあったのだ。

その慢心から来る油断が、大分水産を甘く見てしまった。

私たちはすでに「花園」出場は当然のことと思い、花園がある大阪で何を見物しようかなどと言っていたほどだ。

こうした油断が準備不足につながり、徹底的に大分舞鶴を研究し、その実力差を着々と詰めてきた大分水産に花園の切符を奪い取られてしまったのだった。

「油断」はそれまでチームがいい意味で持っていた緊張感を弛緩させてしまう。

私はこのとき、このことを身をもって悟ったわけだが、いい意味での緊張感のないチームはどこかに緩みが生じる。その緩みは勝負において積極性を失わせる。

緩みに気づいて態勢を立て直せればよいが、気づいたときには手遅れだということもある。

当時の大分舞鶴はまさにその状態にあったのだ。

決め事の〝枠〟だけに収まらない積極性を持て！

試合に出る者は、しっかりと自分の役目を果たさなければならない。

これをビジネスの世界に言い換えると、「責任ある立場にある者はそれ相応の責務を果たさなければならない」ということだ。その場に参加している以上、きちんと役目を遂行することが大事ということだが、とくに責任のある立場の者は何か事が起こったときにメンバーを守らなければならないとの教えにもつながる。

早稲田の選手時代、私はこの精神をある人から学ぶことができた。その人とは、大西鐵之祐《てつのすけ》先生だ。

大西先生はよく「自分の言いたいことははっきり言え」と個を尊重する精神を説く一方で、「エリートの立場にある者は有事になれば、エリートでない者を守らなあかん」とあるべきリーダー精神を語られていた。

大西先生は早稲田のみならず、日本代表チームの監督も歴任し、小柄な日本人の俊敏さを活かす「接近・展開・連続」という戦術を提唱した名伯楽だった。

これまで幾度となく、死闘を繰り広げてきた大学ラグビーの早明戦。

早稲田は「明治には絶対に負けられない」という気持ちが強い。そのため、1年のほとんどが早明戦を想定した戦い方の研究と、スキルアップのための練習に費やしていく。それが私たち早稲田にとって早明戦にかける意気込みだった。

くしくも、今年（2020年）の全国大学ラグビー選手権の決勝が早明戦だった。連覇を狙う明治と長い低迷期を脱出しつつある早稲田の試合が新国立競技場でおこなわれ、5万7345人もの観客で溢れかえった。

この試合の約1か月前におこなわれた関東大学対抗戦の早明戦は、7－36という大差で早稲田は明治に敗れていた。そこからどれだけの準備ができたのかに注目が集まった。結果は早稲田が明治を45－35で下し、11シーズンぶり16度目の優勝を遂げたのだが、早稲田の勝因として私はふたつのことを挙げたい。

ひとつは、自陣でボールを保持しているとき、前回の早明戦では単純にキックで逃げていたが、今回はしっかりとボールをつないでチャンスをつくり出せたこと。もうひとつは、ディフェンスでタックルした後に素早く味方のサポートをするためにすぐに起き上がって「勝ちポジ（優位なポジション）」をとれたことだ。この「勝ちポジをとろう」は、ジェイミー・ジョセフが率いた日本代表チームでも共通認識されていたことのひとつだ。

私にとっても印象的な早明戦がある。１９９０年12月２日の試合である。早明共に対抗戦を全勝で迎え、優勝を決める一戦は序盤から明治優勢の展開で進み、終了間際のスコアは24対12という絶望的な差をつけられていた。

それでも、早稲田は最後まで諦めず明治を猛追していき、ついに１トライ１ゴール差まで追い上げた。

そしてロスタイム。早稲田が自陣でパスをつなぐとボールはサインプレーの飛ばし横で私のところに運び込まれた。その瞬間一本の光の道筋が見えた。私は自分の直感に従い、そこから80メートルの独走トライを決めた。

その後のゴールキックが決まった瞬間、24対24でノーサイドの笛が鳴り響き、早明戦史上２度目の引き分け優勝となった。早稲田にとっては敗戦濃厚の試合、まさに勝ちに等しい引き分けにみんなが歓喜した。

その夜の祝勝会で、私はチームみんなから祝福されて、まるでヒーローのような気分だった。そして、その祝勝会に顔を出していた大西先生に呼ばれた。「今日のトライを褒めてもらえるんだろう」と思いながら大西先生のところに勇み寄ると、こう問いかけられた。

「今泉、今日のトライはお前がサインを出したんか?」

「いえ、違います。あれはキックオフリターンをあの形で攻めるということが決まっていました」

「バカもん! 決め事だけに頼るな! 自分で積極的にああいうプレーができるようにサインを出せ!」

「はい! すみません……。」

これは後々聞いた話なのだが、大西先生は私のことを高く評価してくれていたようだ。だからこそ、今ではこうした叱咤激励を私は期待の表れだと受け止めている。

たしかに、チームでの決め事は大事である。

だが同時に、自分の強みを積極的にアピールし、その場に応じた役割を果たさなければならないときもあるのだ。

「ONE TEAM」になるために積極的に自己主張せよ！

「キヨシ、君は日本でトップを目指すのではなく、世界を目指しなさい」

これは、グラハム・ヘンリーが早稲田に臨時コーチとして来たとき、私にあてた手紙の一文である。

彼はこの手紙と共に、「オークランド・ユニバーシティ・クラブ」というニュージーランドのラグビーチームの一員になる手筈を整えてくれた。

ラグビーを志した者にとって、ニュージーランドでラグビーができるということは、それだけでも憧れだった時代だ。私はグラハム・ヘンリーの恩恵を受け、ニュージーランド行きを決意した。

ラグビーの本場ニュージーランドで、自分はどれだけのパフォーマンスを発揮できるのか。期待に胸を震わせていたのだが、最初から順風満帆とはいかなかった。

クラブの選手たちからは、「どうせ金持ちの日本人が遊び半分で来たんだろう」といった冷たい視線を私に送っていた。それは、監督やコーチたちも例外ではなかった。

私は、きっと私のパフォーマンスが悪いからだと考え、「もっとパフォーマンスを高めていけば、きっと認めてもらえるはずだ」と必死になって練習にも試合にも取り組んだが、監督やコーチは私にひと言のアドバイスもくれず、私は悶々とした日々を過ごしていた。

あるとき、思い切って監督に「どうして、監督はいつも何も言ってくれないんですか？」と問いかけてみた。

すると、監督からは思いもよらない答えが返ってきたのだ。

「キヨシ、お前はラグビーをただエンジョイするためにニュージーランドに来たんだろう？そんな君に教えることなんて何もないよ」

そこで私は、「いえ、自分はもっと上のレベルで活躍したくてニュージーランドに来ました。日本代表に入ってワールドカップに出るのが私の目標です」と監督に自分の思いの丈を伝えたのだった。

「そうだったのか、キヨシ。だが君は俺に何も聞いてこなかった。だから俺は君が今の自分のパフォーマンスに満足していると思っていたんだ」

自分が目指す目標を言葉にして相手に伝える。しかも、それをチーム内で積極的におこなう。

こうした自己主張をしなければニュージーランドではまったく相手にされない。完全に私の思い違いであった。

そこから私は「どうすればハイパントキックをうまくキャッチできるのか」「守備から攻撃へ素早く切り替えるにはどうすればいいのか」など、積極的に監督にアドバイスをもらうようにした。すると、監督は具体的なトレーニング法を教えてくれるようになった。

そうした私の自己主張は、やがてチームメイトたちにも伝わっていく。

練習や試合で私がミスをすれば「キヨシ、こうしたほうがいい」と指摘してくれたり、いいプレーをすれば「キヨシ、ナイスプレーだ！」と褒めてくれるようになった。

ニュージーランドは、多民族で構成された国家である。異なる文化、そしてラグビーでは異なる価値観が混ざり合っている。だからこそ、積極的に自己主張しなければ理解してもらえない。日本のように、「空気を読む」「忖度する」といった文化はニュージーランドでは通用しないのだ。

それはニュージーランドに限らず、現在の日本のビジネス現場でも同じだ。

積極果敢に自分の意見を主張していかなければ、周りからの理解も信頼も得られない。そうなれば自分の強みを活かすこともできなくなってしまう。

「ONE TEAM」になるためには、積極的に「自分はこうなりたい。そのためにこうしたい」という自己主張を周りに示すことが重要なのだ。

「積極的対話」でチームメンバーの役割を理解する

私がニュージーランドでラグビーをしていたとき、とくに印象的な選手が二人いた。先に紹介したグラント・フォックスとショーン・フィッツパトリックだ。

グラント・フォックスは1984年から1993年までオールブラックスに選出され、第1回ラグビーワールドカップの優勝メンバーであり、同時に大会得点王にも輝いた。

そして、ショーン・フィッツパトリックは１９８６年から１９９７年までオールブラックスに選出され、彼も第1回大会で優勝したときのメンバーである。１９９２年から現役を引退するまで、オールブラックスのキャプテンを務めたほどのスター選手だ。

そんな彼らが超一流のスキルを持ち合わせていることは、もはや言うまでもないが、彼らの凄さを目の当たりにしたのが、「積極的対話」によって生み出される役割の理解度であった。

当時、日本のラグビーであれば監督やコーチからの指示・命令によって、それぞれ選手の役割が決定されていくのが一般的だった。

だが、ニュージーランドの選手は一人ひとりが「プレイング・マネジャー」のように互いがコミュニケーションを図りながら、チームメイトの強みを明確に理解したうえで試合に臨む。

そのためにチームのなかには積極的な対話があった。

オールブラックスや快進撃を続けた日本代表チームといった強いチームにはある共通点がある。それは、チームのなかに積極的対話があるということだ。

ここで重要なのは、「会話」ではなく「対話」であるということ。対話は会話とまったく違うという点だ。

日本語の辞書で引くと、両方とも「向かい合って話し合うこと」とあるが、英語だと会話は

「conversation」、対話は「dialogue」で、異なる意味を持っている。

つまり、英語での対話とは、「違うものをすり合わせて同じものを共有する」といった意味になるのだ。

では、なぜ彼らがオールブラックスに選ばれるほどの選手なのか。あるエピソードを交えて紹介したい。

彼らのようなオールブラックスに選ばれる選手たちは、普段自分たちが所属しているクラブや州代表チームなどを掛け持ちしている。だから、私が所属していたオークランド・ユニバーシティ・クラブにも助っ人として来ていた。

ある日、私のチームが強豪と対戦するということになり、グラント・フォックスとショーン・フィッツパトリックも姿を現した。

だが、そんな彼らが試合当日にいきなり来て、チーム一丸となり勝つために何ができるのかについて、私は正直不安であった。

だが、そんな不安はすぐに払しょくされることになる。試合前にグラント・フォックスが急に私のところに来て、このようなことを話し出した。

「キヨシ、今日はよろしくな。ところで、キックは蹴れるよな？」

私は「イエス」と答えた。

すると、グラント・フォックスは「相手は間違いなく俺がキックを蹴ると予想しているはずだ。そこでときどきキヨシにパスをするからキヨシがキックを蹴るんだ。そのつもりでしっかり準備してくれよ！」と、オールブラックスの選手が日本人の私にキックを譲るというのだ。

続けて、「パスはどんなボールが欲しい？」「どんなタイミングで出せばいい？」など、積極的対話によって私の強みや特徴を頭にインプットしている様子だった。

試合が始まると、やはり最初はコンビネーションが合わない。だが、それぞれのメンバーに対して「俺はこれをやるから君はこれをやってくれ」といった指示があちこちで飛び交っていた。その指示は誰もがわかりやすく、そして明確だった。

試合が始まって15分ほどで、まるで長年一緒にプレーしているような「ONE TEAM」になっていき、私たちのチームは勝利した。

私は、「これがオールブラックスに選ばれる選手なのか」と驚いたわけだが、同時にこうした積極的対話の大事さを学ぶことができたのだ。

積極的対話は突き詰めることに意味がある

このように、ニュージーランドの監督やコーチ、そして選手はコミュニケーションの手段として、「積極的対話」をとても大切にしていることが理解いただけたのではないだろうか。この「積極的対話」について、実はとても重要なポイントがあるので、もう少し詳しく触れておくことにしよう。

ニュージーランドのラグビーに順応していき、監督や選手たちからの信頼を得て打ち解けてきたころに思ったことがある。それは、ニュージーランド人の監督や選手はとにかくよくしゃべるのだ。

というよりも国民性なのだろうか。ニュージーランドの人々はとにかくおしゃべりが大好きで、街で偶然会った友人と1、2時間話し込んでしまうなんてことは日常茶飯事なのである。そのため、街中にはゆっくり話ができるカフェがとても多い。それゆえ、ニュージーランド人は話が非常に上手く、要点の伝え方などに長けている。それはラグビーの監督やコーチ、選手も決して例外ではない。

とくに、ニュージーランドのラグビーが世界最強とまで呼ばれるのは、そのコミュニケーションの図り方にあるといえる。

それは、決して一方的ではなく、互いに対話を理解し合うまで突き詰めることで、理論が成熟することにある。


ここで、それを実感したエピソードを紹介しよう。

練習中に、監督に呼ばれたことがあった。

フォーメーションプレーでのポジション取りの確認だったのだが、早口の英語で説明されたので正直しっかりと理解できなかった。

最後に「キヨシ、わかったか?」と訊かれたので、私は思わず「イエス」と瞬間的に答えてしまった。

すると、「そうか。では、どうわかったのかを私に説明してみなさい」と確認を求められたのだ。意表を突かれた私は思わずその場で黙り込んでしまったのだが、監督は私にこう優しく語りかけてくれた。

「いいかキヨシ、同じ理論でも一人ひとり捉え方は違うものだ。ましてや、キヨシは日本人だから言葉の壁がある。だからこそ、お互いがしっかり理解するまで話をしようじゃないか」

監督は私にそう言うと、もう一度わかりやすく説明してくれた。最後には「何か質問はあるか?」と聞き返してくれたのだった。

たとえ積極的に対話を重ねたとしても、伝え方や受け取り方は人によって異なるのは当たり前。そうした考えのもと、互いがさらに対話を突き詰めていくことで初めて互いを理解できるようになる。

このとき、監督は私にそう教えてくれたのだった。

こうした対話の突き詰めは、「ONE TEAM」というスローガンを掲げた日本代表チームにも見られた。とくに、監督が外国人で選手が日本人という構図は私の場合と状況が似ている。だからこそ、長期の合宿でとことん対話を突き詰めていったのだ。

対話を突き詰める。

これはビジネスでも大いに役立つと私は断言したい。なぜなら、会社では上司と部下の「一方通行」のコミュニケーションが目立つからに他ならない。上司が部下に何かを指示したとき、たとえそれが理解できなくても部下は思わず「わかりました」と言ってしまうことがあるのではないだろうか。ところが、実際には理解していなくて同じ失敗をしてしまう……。

こうした場合、一方的に部下が悪いわけでも反抗しているわけでもないのだ。もしかすれば部下は上司の顔色を伺い、「わかりました」と言わせる空気をつくり出しているかもしれないからだ。

だが、そこはわかり合うまで、とことん対話を突き詰めてほしい。上司は「めんどくさい」などと思わず、部下がしっかりと理解できるまでコミュニケーションをとってほしい。

ジェイミージャパンの「主体性」を重んじるチームづくり

ラグビーの世界でも、ビジネスの世界でも、チャンスの場面では一瞬の判断力が求められる。「ここが勝負だ」と思えば、自信を持って決断し、行動しなければたちまちチャンスは逃げて

しまうからだ。

そのために必要なもの。それが主体性である。

先に述べたように、ジェイミー・ジョセフが率いた日本代表チームで採用されたのが、10人のリーダーグループをつくり、ポジションや試合ごとに役割を与え、選手たちが自らチームをつくりあげることだった。

リーダーグループがチームリーダーであるジェイミーと選手たちの「ハブ」となり、チーム全員に主体性をもたせたことで、「ONE TEAM」はより強固なものとなっていった。

このリーダーグループを会社組織では、「中間管理職」といったポジションに置き換えられる。ミドルマネージャーである彼らがビジネスの現場で担う重要な役割もまた、メンバーに主体性をもたせることにある。

だが、ジェイミーが実践したグループリーダー制を導入してメンバーの主体性を強めるというのは、ひとつの方法論に過ぎないと私は考えている。

では、そもそも「主体性」とは何か。

主体性とは、「自分の考えや判断をもとに、責任を持って行動する」という意味が込められている。

言葉にするのは簡単だが、いざ実践するとこれがなかなか難しい。なぜなら、多くの人間が自分に自信が持てないために失敗を恐れ、主張や積極的な行動を抑制してしまうからだ。

事実、エディー・ジョーンズが４年間で築き上げてきた日本代表チームでは、選手の主体性を重視するチームづくりではなく、エディーやコーチングスタッフが緻密に練ったプランを徹底的に遂行する「ＪＡＰＡＮ ＷＡＹ（日本らしさ）」というコンセプトのチームづくりで結果を出した。

そんなエディーのチームづくりは、たしかに勤勉で器用な日本人には合っていたのだろう。何より、主体的に行動するよりも、「言われたことをやる」ほうがラクなのは確かだ。

だが、リーダー、あるいは上司の指示を待って行動するだけでは、高い目標に到達することはできない。現に、エディージャパンが超えられなかったワールドカップ「ベスト８」という壁をジェイミージャパンが超えられた要因。それこそが主体性だったのではないかと私は分析している。

もちろん、最初から選手たちが主体性を持っていたわけでもなければ、ジェイミーもそれを期待していたわけではないだろう。

実際に、エディーのやり方に手応えを感じていた選手たちからすれば、ジェイミーの主体性を重視するチームづくりに最初は反発や戸惑いもあったようだ。

それは、ジェイミーが就任したばかりのころのテストマッチを観ていても、選手たちからは「これでいいのだろうか」という、何か確信が持てない試合もいくつもあったように私には見えた。

だが、ジェイミージャパンは長い合宿で監督やコーチ、選手たちの間に一体感が生まれていったことは、前に述べたとおりである。

そこには、多くの「トライ&エラー」、つまりは試行錯誤があったはずだ。チーム内では何度も時間をかけて、「これはこうしたい!」「これはどう思う?」といった積極的な対話が繰り広げられたはずだ。

さらにグループリーダー制を導入したことで、選手たちにリーダーとしての自覚が芽生えていったのだ。

ワールドカップ直前のテストマッチでは、まるで別のチームに生まれ変わっていた。試合に出場する15人がリーダーに見えた。

ゲームの展開や相手の状況を見て柔軟に作戦を立てるなど、選手たちが主体的に意思決定し、それぞれが積極的に役割を果たし、「ＯＮＥ ＴＥＡＭ」としてまとまりを見せてくるようになっていたのだ。

自分の言葉が相手の頭の中でイメージできているか？

ラグビーチームであれ、会社の組織であれ、「ＯＮＥ ＴＥＡＭ」になるためにはコミュニケーションを積極的にとり、チームワークを高めていくことが欠かせない。

だが、コミュニケーションの本質をしっかり理解していないチームや組織が多いことに、私は警鐘を鳴らさずにはいられない。

辞書でコミュニケーションという言葉を引くと、「伝達」「意志の疎通」といった意味にたどり着く。一方で、英語の「communication」で辞書を引くと、「お互いが頭の中にあるものを共有する」とある。そして「co」という接頭語には「シェア」「共有する」「同じにする」とい

う意味がある

いずれも似たようなニュアンスを持っているのだが、ここでコミュニケーションの本質について考えてみたい。

ラグビーでいえば、「勝つために、我々はどうすればいいのか?」についてチーム内でコミュニケーションをとり、ビジネスであれば、「どうすれば目標を達成できるのか?」、あるいは「いかにして成果を上げていけばよいのか?」について組織内でコミュニケーションがとられる。

だが、ここで重要なのは、単に言葉の伝達や意志の疎通ができているからといってコミュニケーションがとれていると考えるのは極めて危険だということだ。

私が考えるコミュニケーションとは、「何かを伝えたい人の言葉が伝えられた人の頭の中でしっかりと同じイメージができているかどうか」だ。それで初めて本物のコミュニケーションが成立するということなのだ。

では、そのためにどうすればいいのか。

ここである事例を紹介したい。

ジェイミージャパンのスクラムコーチに任命された長谷川慎という男がいる。

自国開催の日本代表チームの大躍進を支えた陰の立役者。私は長谷川をそう評価している。なぜなら、スクラムコーチだからといって単にスクラムの強化だけをやっていたわけではない。長谷川の仕事の凄さとは、選手たちのスパイクの底についているポイント管理までおこなっている点だ。

試合でスクラムを組む8人の選手たちには、ポイントの長さが異なる3種類のスパイクがあらかじめ用意されていたという。この3種類のポイントの長さはスクラムコーチである長谷川の膨大なデータと経験知によって決められていた。

そのために長谷川は試合前、グラウンドの芝のコンディションを入念に確認する。天候や湿度はもちろん、どのくらい芝に水がまかれているのかを手や指先で確かめ、スクラムを組む8人の選手たちが履くスパイクを指示していたのである。

〝職人技〟とも呼べる長谷川の仕事はこれだけに留まらない。

対戦相手のスクラムの総重量や、試合の流れによってハーフタイムなどにスパイクを交換するという徹底ぶりも見せた。さらに圧巻なのが、いかにベストの力でスクラムを組み、相手を押し込めるかという探究心である。

ワールドカップの試合を観ているとわかるのだが、アイルランドやスコットランド、あるいは南アフリカのスクラムを組むフォワードの選手たちに比べると、圧倒的に日本のフォワードの選手たちは体格で劣る。

そこで長谷川が考えた秘策が、先に述べたグラウンド状態を見極めてスパイクのポイントの長さを見極めること。そしてもうひとつが、「64本のポイント」にこだわったことである。

8人のスパイクのつま先部分に位置する4つのポイントを芝にしっかりと〝噛ませる〟ことで最高の力が相手スクラムに加わるという狙いだ。「8人×4つのポイント×2（両足）＝64本」というわけである。

ではなぜ、このような事例を紹介したのか。長谷川の仕事は、まさに目的・目標・手段が明確だが、長谷川の秘策を単に言葉や経験から打ち出された理論だけで選手たちに伝えてもベストなスクラムを組めないだろう。

重要なのは、長谷川が頭の中で描いた、ポイントが芝を噛むイメージやスクラムを組んだときのイメージを8人のフォワードと細かくすり合わせをしながら彼らの頭の中に自分のイメージをしっかり共有させたことだった。

ここに、コミュニケーションの本質があるのだ。

味方を知れば自分の「勝ちポジ」が見つけられる！

「最高最善を期待しながら、最低最悪に備えよ」

これは私の好きな言葉で、ラグビーでもビジネスでも、さまざまな場面で必要な心構えだといえる。

ラグビーにおいて、最高最善を期待しながら、最低最悪に備えるために何をするべきか。それは、「味方を知って己を知る」ということに尽きる。

ジェイミー・ジョセフが率いた日本代表チームは240日の長期合宿をおこなったわけだが、綿密なコミュニケーションは何もグラウンドだけでおこなわれていたわけではない。

場合によってはご飯を食べながら、あるいはちょっとした休憩時間にコーヒーを飲みながらでも味方を知ることはできる。ここに、雑談の重要性がある。

このように、ラグビーとはまったく関係ない場所でも味方を知ることで、それが意外にもグラウンドの上で活きることもある。それを実践していたのが、まさに日本代表チームだった。

味方を知らずして、どうして勝てるラグビーができるのか。実は、これを私に教えてくれたのはエディー・ジョーンズだった。

エディーがサントリーのコーチで、私が選手だったときのことだ。

ある日の練習で紅白戦がおこなわれたのだが、私の目の前に大きなスペースがあり、ボールをもらえばトライになるという場面があった。

私は当然「今だ！　ボールを出せ！」と味方選手に促した。

だが、その選手がもたついている隙に相手選手にタックルされ、ボールはラインを割り、プレーが切れてしまった。

私は思わず、「おい！　今のは俺にすぐにパスを出したらトライだっただろ！　なんで出さないんだ！」と詰め寄った。

すると、エディーが私のところへ駆け寄ってきて、「キヨシ、君はこの味方の選手と、どれだけ一緒に練習してきたんだ？」と私に質問を投げかけてきた。

そこで私は、「いや、もう3、4年は一緒にやっていますが……」と返すと、エディーはこう私にアドバイスした。

「それだけ長い間一緒に練習してきた仲間の特徴を君は理解していないじゃないか。練習でできないことは試合でできるわけがないんだ。いいかキヨシ、今のプレーはパスが来ればトライという最高最善と、味方がタックルされたときにオフロードパスをもらえる位置や、ラックされるのを予測してブレイクダウン（タックル後の密集のなかでのボールの奪い合い）に入る最低最悪に備えるべきなんじゃないのか」

エディーのこの言葉に、私はハッとさせられた。

味方選手の特徴やプレーの癖をしっかりと理解していなければ、いくらチャンスの局面であってもそれを活かすことはできない。

エディーが言うように、私は最高最善のプレーと最低最悪のプレーに備えて、どちらでも対応できるポジションをとるべきだった。それこそが「勝ちポジ」だったのだ。

「この選手は、この場面で、こうプレーをする」ということがある程度予測できていれば、それに対して自分の強みをあてることができる。私はそのことをないがしろにしていたのだ。

練習でベストを尽くす。試合でベストを尽くす。それはビジネスの局面であっても同じだ。そのためには、やはりグラウンドのみならず、日常的にメンバー同士の理解度を高めていくことが重要なのである。

メンバーの強みや特徴をしっかり理解できなければ強力なサポートはできないし、自分の強みをチーム内で共有していなければサポートを受けることも難しくなってしまう。

やはり、味方を知らずして、「ONE TEAM」にはなれないということなのだ。

「沈黙」と「自己犠牲」は違う！ 〜One for All, All for Oneの真意〜

会社組織のなかにおいて上司や同僚に嫌われたくない。こうした気持ちが働いて場の空気を読み、ついつい口をつぐんでしまう……。

こうした経験は、誰にでもあるのではないだろうか。

たとえ会議などの発言の場であっても、沈黙を守ることが周囲とうまくいく秘訣であると考える人も少なくない。

「沈黙は金」という言葉があるとおり、それはラグビーの世界でも決して例外ではない。

監督やコーチに気に入られてレギュラーポジションを自分のものにしたいからと、監督やコーチが一方的に決めた練習方法や試合での戦術に黙って従う。

あるいはチームメイトに嫌われまいと、寡黙を装って立ち居振る舞うことで沈黙に拍車がかかってしまうというわけだ。

だが、こうした沈黙は組織やチームの課題や問題を見過ごすことにもつながり、同時に個人の強みやモチベーションを消してしまう。すなわち、強い組織になるための機会損失になってしまうことがある。そこで必要なのが、沈黙という殻を破る勇気である。

そのためには上司と部下、監督と選手、さらには同僚やチームメイトといった関係性において、互いを理解しながら風通しのよいコミュニケーションをとることができる環境づくりが何よりも大事なのだ。

それによって、メンバー全員が「ONE TEAM」となって互いを思いやり、全員で課題解決していけるのである。

こうしたいつでも、誰にでも、何でも言い合える職場づくりやチームづくりは、決して難しいことではないと私は考えている。

そこに必要なのは、お互いをリスペクトするちょっとしたマインドセット。これさえあればいいだけなのだ。

こうしたマインドセットを持って日頃の仕事や練習に取り組んでいれば、組織やチームのなかに気くばりが自然と生まれてくるはずだ。

ここまでの話において、極めて重要なポイントがある。

それは、こうした沈黙を「自分さえ我慢すればいいのだ」という自己犠牲の精神に置き換えてしまうことだ。

だが、本当の意味での自己犠牲とは、このようなことではない。

例えば、ビジネスの世界における業務のほとんどは、何かしらのチームによって遂行されている。そのため、どこかで必ずや周りの人たちのサポートを受けながら仕事は成り立っているものだ。

場合によっては、誰かの成功の裏には、誰かの自己犠牲が存在するわけだ。

ラグビーの試合においても、多くの人は「トライ」といった華々しいプレーに目が行きがちだが、試合のほとんどの時間は仲間をサポートする地道なプレーに費やされている。

ひとつのトライを目指していくにも、たとえ自分が犠牲になってでも味方にパスをつないでいく作業の連続であり、その結果としてトライは生まれるものだと私は理解している。

つまり、ビジネスにおける成功やラグビーでの勝利といったものは、こうした仲間の自己犠牲の精神によって成り立っていることを私たちは忘れてはいけない。これが「沈黙」という名の利己主義と、「自己犠牲の精神」という利他主義の大きな違いなのである。

個人はチーム全体のためにお互いをリスペクトしながら意見をぶつけ合い、チーム一丸となってメンバーをサポートしてひとつのトライ、そしてひとつの勝利を目指す。そのためにラグビーにはこんな言葉がある。

「One for All, All for One」

これは一般的には「ひとりはみんなのために、みんなはひとりのために」と訳されるが、会社組織に当てはめれば、「ひとりはみんなのために、みんなは目的のために」とするとしっくりと理解できるのではないだろうか。

沈黙の殻を破り、仲間のために力を尽くすということの精神が、「ONE TEAM」になるためには重要なのである。

第4章

「ONE TEAM」になるためのリーダーシップ

「ONE TEAM」のリーダーが持つべきインテグリティ

この章では、「ONE TEAM」になるためのリーダーシップについて解説していきたい。まず、この章を読み進めるうえで念頭に置いていただきたい言葉がある。それは**「インテグリティ（integrity）」**だ。

このインテグリティという言葉は、ラグビー憲章では「品位」と訳されているが、私はリーダーシップを語るうえで「インテグリティ＝品位」というだけでは不十分だと考えている。**「品位」に加え、「高潔さ」「真摯さ」「誠実さ」ということを強調しておきたい。**

では、具体的に「ONE TEAM」になるためのリーダーシップに必要なインテグリティについて紐解いていきたい。

リーダーが持つべきインテグリティ、すなわち品位、高潔さ、真摯さ、誠実さと聞けば、なんとなくその本質を理解できるかもしれない。

例えば、メンバーの模範となるような態度や行動を示しながら、メンバーのパフォーマンスを最大化するといった役割である。もちろん、これでも間違ってはいない。

だが、**私が考えるリーダーに必要なインテグリティとは、「一貫性」である。一貫した品位、一貫した高潔さ、一貫した真摯さ、そして一貫した誠実さ。それはグラウンドの上に限られたことでなく、普段からの行動や振る舞いすべてにおいて一貫してメンバーの先頭に立ち、率先垂範できる人間こそが「ONE TEAM」になれるチームや組織のリーダーなのだ。**

今回のワールドカップで日本代表チームを率いたリーダー、ジェイミー・ジョセフ。このリーダーをよく知る多くのラグビー関係者に話を聞くと、決まってこのような答えが返ってきた。

「ジェイミーのリーダーシップには一貫性がある」

たしかに、大会中もジェイミーの一貫性のあるリーダーシップが発揮されたある出来事があった。日本代表チームの主将であったリーチ・マイケルを、1次リーグ第2戦のアイルランド戦で先発メンバーから外したことだ。

この試合は、決勝トーナメント進出の大きな山場ともいえた。「主将であれば試合に出て当たり前」と誰もが考えるに違いない。

だが、ジェイミーは第1戦のロシア戦でパフォーマンスが悪かったリーチに対し、躊躇なく「次の試合はリザーブだ」と告げたという。常にベストな選手で試合に臨む選手選考の一貫性が見てとれる。

ここまでであれば、監督がパフォーマンスの悪い選手を外すという、ごくありきたりな話ではあるのだが、ここからがジェイミーのリーダーシップの凄さが伺える。

アイルランド戦の先発メンバーが発表され、やはりそこにはリーチ・マイケルの名前はなかったことに多くのマスコミや関係者は驚きを隠せなかった。「チームの支柱であるリーチを外して大丈夫か?」「なぜ使わないんだ?」「外す意味がわからない?」と。もちろん、ジェイミーはリーチ・マイケルを見捨てたわけでもなければ、このアイルランド戦を諦めたわけでもない。どんなに苦しい状況であっても選手を心から信頼し、選手を活かす方法を考え抜くという一貫性を示した。

相手は世界ランク2位の強豪アイルランドだ。試合が進むにつれて必ず苦しい時間帯が来る。

そんなときにチームを落ち着かせ、メンバーたちにインパクトを与えるためにリーチ・マイケルが必要になる時間が来ると考えた。これが、ジェイミーの「インテグリティ・リーダーシップ」だ。

きっと我々の知らないところで、ジェイミーとリーチ・マイケルの間では「必ず出番は来る。しっかり準備しておけよ」といったやりとりがあったのだろう。

実際に、アイルランド戦で途中出場したリーチ・マイケルにはある覚悟のようなものを感じた。それはリーダーの期待に応えるという、強い信念であった。

ジェイミー・ジョセフというリーダーが描いたストーリーづくり

ジェイミー・ジョセフに課せられたリーダーとしてのミッション。

それは、これまでラグビー日本代表チームが乗り超えられなかった壁である、ワールドカップでベスト8に進出することだった。

世界最強のラグビーチーム、オールブラックスでもプレーした経験を持つジェイミー。世界で勝つための「勝者のラグビー」を誰よりも知り尽くしている。

日本人が好むとされる「指示されたとおりに動く」管理的なラグビースタイルから脱却し、一人ひとりが状況に応じて最適な判断を下し、時にはリスクを冒してでもトライを取りに行くという、オールブラックス流のラグビーへの転換を決意した。

ジェイミーは、このミッションを達成するために、選手たちの前でベスト8に進出するためのストーリーを語りながら、「ティア1（ニュージーランド、オーストラリア、南アフリカ、アルゼンチン、イングランド、ウェールズ、スコットランド、アイルランド、フランス、イタリア）」と呼ばれる強豪10チームに勝つためのマインドを選手たちに植え付けていった。

無論、最初から選手たちの共感を得られたわけでも、コーチ陣やスタッフとの足並みを揃えられたわけでもなかったことは先に述べたとおりである。

高度なスキルや戦術、それに伴うフィットネスを要求するジェイミーに対して、戸惑う選手も少なくなかった。

さらには、自分たちよりも強いとされる「ティア1」のチームに勝つためには、ときにはリスクを冒してでもチャレンジする必要があるのだが、これをもっとも苦手としているのが日本人だとジェイミーは語っている。

ジェイミーがいくらストーリーを語っても、選手やコーチ、スタッフが１００％勝つ気にならなければ、それは「絵に描いた餅」で終わってしまう。

そこで、ジェイミーはワールドカップでベスト8に進出するための綿密な計画を立てていった。

スピードの速いラグビーを展開するために、タックルを受けながらボールをつなぐオフロードパスの導入や、守備の隙をついて相手の裏を取るキックの精度の向上。日本の弱点とも言われたスクラム、ラインアウト、タックルを発展させるためのフィットネスの強化。そのうえでスーパーラグビーのサンウルブズで南半球の強豪チームとの実戦経験や、日本代表チームにおけるティア１とのテストマッチの実施。

こうした実戦からあぶり出された課題の克服。スキルや戦術に加え、「世界の強豪を相手にしても勝てるんだ」というメンタリティーを選手たちに持たせていった。その成果がワールドカップ開幕直前におこなわれたパシフィック・ネーションズカップ２０１９のフィジー戦での34対21の勝利にあらわれていたということだ。その手ごたえをもっとも感じていたのがジェイミー本人ではないだろうか。

監督、選手、コーチ、スタッフと一体となり、互いを信頼し、チームのために誰もが持てる力をすべて発揮する。同じストーリーを共有しながら積極性を持ち、集中してラグビーに取り組む姿に、私は本当の「ONE TEAM」となった日本代表チームを見た気がした。

あるスポーツ誌に目を通していると、ジェイミーのリーダーとしてのインテグリティを垣間見ることのできたあるエピソードがあった。

それは、ニュージーランドにいたジェイミーが、建設中のある聖堂でゴミ拾いをしている人に出会った話だ。

ジェイミーがその人と話をしていると、彼は清掃員ではなく、聖堂建築においての重要人物だったことがわかった。

重要な役割を担う人がゴミ拾いをしている姿から、目の前にある自分の仕事への向き合い方を深く考えさせられたという内容の話だ。

リーダーとしてストーリーを描く。そのストーリーにエネルギーと時間をかけて骨組みをつくり込み、そのストーリーをチーム全員でしっかりと共有しながら、それぞれが自分の与えられたポジションの仕事を全うする。

こうしたジェイミー流の「ＰＤＣＡ」サイクルがまわり出したことで、日本ラグビーの歴史は塗り替えられたのだ。

選手を「その気にさせる」エディー・ジョーンズのリーダーシップ

一般的に「マネジメント」という言葉は、「管理する」などと訳されるが、管理だけを指す言葉ではない。

「選手の能力を最大限に引き出し、その気にさせる」というのが、ラグビーにおけるマネジメントだと私は考えている。

こうしたマネジメント能力に長けているリーダー。選手をその気にさせる手腕において彼の右に出る者なしという人物がいる。

エディー・ジョーンズである。

エディーがラグビー界の名将であることは誰もが知る事実であり、さまざまなところでエディーのリーダーシップについては語られている。

エディーの著作やインタビュー記事などを読んでいても、「あー、私がサントリー時代に教わったことが、日本代表チームでも、イングランド代表チームでも一貫しているな」と感じることがよくある。

そこで、私なりにエディーのリーダーシップをひと言で言えば、冒頭に述べたマネジメントの本質にたどり着く。つまりは、「選手の能力を最大限に引き出し、その気にさせる」ということなのである。


ではここで、エディーのリーダーシップについて、私自身の経験を交えながら紐解いてみたい。

エディーのリーダーシップでまず私が感銘を受けたこと。そのひとつめが「観察力」であった。


エディーは徹底して選手の一挙手一投足を観察し続け、選手の能力を最大限引き出していた。

それは何もグラウンドだけに留まらない。

普段の表情や声のトーンなどにも気をくばり、絶妙な距離感で選手一人ひとりをくまなく観察していたのである。

エディーはとても気さくなところがあり、私たちが遊びでやっているミニゲームに飛び入り参加してみたり、一緒に食事をしたり、たまに飲んだりもした。

こうしたなかでの対話を通じても、やはり選手たちを観察していた。


また、練習で元気がない選手や、試合でのプレーで精彩を欠いている選手には、選手と顔を突き合わせてメンタルまで細かいケアをする徹底ぶりだった。

この「徹底ぶり」が、エディーのふたつめのリーダーシップだ。


私がサントリーでプレーしていたとき、多くの選手は仕事とラグビーを掛け持ちしていた。なかにはプロ契約している外国人選手が交じっているのだが、エディーは彼らにはプロとして努力する姿勢を強く求めていたのが印象的だった。

ある練習で、プロである彼らが手の抜いたプレーをしたとき、エディーは「君たちはプロなんだろう？　だったら人の倍以上の努力をしなさい！」と叱咤した。それによって、チーム内にはポジティブな緊張感が生まれ、集中して練習に取り組めるようになった。

いま思えば、エディーはラグビーのスキルや戦術などよりも、こうした一人ひとりの言動や態度を非常に大事にしていたリーダーだった。

そして3つめのリーダーシップが、「選手をその気にさせる」である。

正確にいえば、「選手を勝てる気にさせる」ことだ。

サントリーでいえば、トップリーグで頂点に立つ。

日本代表チームであれば、南アフリカに勝つ。

イングランド代表チームであれば、オールブラックスに勝つ。

エディーはこのように自身が描いたビジョンを選手たちと共有し、すべて実現してきたリーダーだ。

当然、選手に求める要求も高いわけだが、「君にこれができない根拠がどこにあるんだ?」と選手たちの〝やる気スイッチ〟を探し、次第に選手をその気にさせてしまう。

こうしたリーダーとしての一貫性、すなわちインテグリティを持ったリーダーがエディーなのだ。

グラハム・ヘンリーが示した「集中とリラックス」

私がこれまで出会った優秀なリーダーたち。

先に登場したグラハム・ヘンリーもそのひとりだ。

２００４年から２０１１年までオールブラックスの監督を務め、２０１１年の地元ニュージーランドで開催されたワールドカップでは24年ぶりとなる優勝を果たす。実にオールブラックスを指揮した7年間の通算成績は１０３戦で88勝、勝率85パーセント以上という数字を残した名将として知られる。

私がグラハム・ヘンリーと出会ったのは１９８９年、早稲田の三年生のときだったのだが、このときジョン・グラハムという、オールブラックスの主将を務めた経験があるフォワードのコーチも帯同していた。

当時の早稲田ラグビーは、伝統的な「揺さぶり戦法」という戦術をお家芸としていた。これは、早稲田がボールを持ったときにはボールを左右に何度も動かし、相手を走らせて体力を消耗させ、相手の足が止まってきたところで試合のテンポを上げて一気に攻勢に出て勝利を手中に収めるという戦い方だ。

だが、いつまでもこうした戦い方だけで勝てるほど勝負の世界は甘くない。当然ライバルたちも研究してくるので、苦戦を強いられることが多くなっていった。

そんな矢先に、ニュージーランドからグラハム・ヘンリーが臨時コーチとして来日し、2週間ほど早稲田ラグビーを指導してくれたのだが、最初は私たち早稲田のラグビーを何も言わずにただじっと観察していた。そしてある練習でみんなを集めてこのような話をした。

「去年から君たちは勝てなくなってきている。それなのにこれまでとまったく同じような練習をしていても意味がないと思わないかね？」

たしかに、私たちは「早稲田だから」という、これまでの早稲田の伝統的な戦い方に執着しすぎていた。

そこでグラハム・ヘンリーは、「グリッド」という練習を取り入れた。

グリッドとは、マーカーなど目印になるものを四方4か所に置いて四角形をつくり、そのなかでパス練習をするという、今では小学生から代表クラスまで、どのレベルでも取り入れている基本練習である。グラハム・ヘンリーはそうした練習を私たちに課し、ハンドリングやポジショニング、周辺視野を向上させていった。

こうしてグラハム・ヘンリーは本場ニュージーランドで大事にされている基本練習や、勝つために必要な考え方や戦術を私たちに浸透させていき、早稲田は少しずつ勝てるチームへと変貌していった。

そしてもうひとつ、グラハム・ヘンリーに関するある思い出がある。
早稲田ラグビーの練習といえば、私たちの年代であれば誰もが口を揃えてこう言うだろう。

「とにかくハードできつかった」

だが、そのハードな練習に耐えた者こそ、伝統のエンジと黒のジャージーを着ることが許される。例に漏れず私もそう考えていた。
ところが、グラハム・ヘンリーが来てからの練習は必ず２時間で終わった。

ある日、「もう少し練習したい」と居残り練習をしている私たちを見つけたグラハム・ヘンリーが練習場に戻ってくると珍しく声を荒げて「何をしてるんだ！　今すぐ練習をやめろ！」と私たちに告げたことがあった。

私たちが驚いていると冷静さを取り戻し、「君たちは集中して練習した。そのあとは少しグラウンドから離れてリラックスしようじゃないか」と。

そう言うと彼は私たちと夕飯を共にし、くだらない話をしながら一緒に笑い、そしてラグビーについて熱く語った。

チームに必要な練習を集中してやる。その後は選手たちをリスペクトして対等な関係を築く。こうした「集中とリラックス」という一貫性が、常勝・早稲田と呼ばれる礎となったのだ。

受け継いでいくべきインテグリティの大切さ

今になって思い返してみても、グラハム・ヘンリーはインテグリティに溢れたリーダーだった。

それはオールブラックスを率いるようになってからも決して変わることなく、一貫していた。

「素晴らしい人間が素晴らしいオールブラックスになる」

その姿勢はこのスローガンにも表れている。

改めてこの言葉を私なりに解釈してみると、**「行住坐臥《ぎょうじゅうざが》」**という言葉がしっくりくる。

これは、禅宗の教えで「歩く、止まる、座る、寝るという日常生活のすべてが修業であると し、起きてから寝るまでの行動や立ち居振る舞いに対して意識することが大切である」という意味である。私はグラハム・ヘンリーから学んだインテグリティを自分の日常生活や、ラグビーの指導に役立てたいと考えるようになっていった。

以前、神奈川県にある高校の先生から、「今泉さん、ぜひうちのラグビー部を見て生徒たちの指導してくれませんか？」と依頼されたことがあった。

この高校のラグビー部は、神奈川ではベスト8に入るようなチームとのことで、早速練習に伺った。

とはいえ、私がいきなり行って1日や2日指導したところでチームがすぐに強くなることなんてあり得ない。そこで、「ちょっと部室を見せてください」とお願いし、ラグビー部の部室に案内してもらった。

あちこちに脱ぎ捨てられた練習着やスパイク、ごみが散乱している。壁には埃を被って薄汚れた「日本一」という文字が書かれた紙が貼ってあった。

私は早速、生徒たちを集めた。

「みんなは日本一になりたいんだよね。たしかにみんな今まで一生懸命練習してきたよね。それで神奈川県の代表になって日本一になれたとしよう。すると当然この高校でラグビーをやらせたいと思う小中学生の親が見学に来るかもしれない。そのときこの部室を見てこのラグビー部に子どもを入れさせたいと思う？」

すると生徒たちからは間髪入れずに「思わないです！」という返事が返ってきた。

「そうだよね、じゃあ今から15分で部室を掃除しよう。とくに、三年生の君たちが先頭に立ってやるんだ」

なぜ、三年生が先頭に立ってやるべきなのか。

それは、チームの先頭に立つ者が行動で示していくことで、チーム全体が同じ方向を向くことができるからだ。

生徒たちが掃除を始めると、だんだんと目つきが変わっていくのに気がついた。

すると不思議なもので、15分もかからず10分程度で部室を綺麗にすることができたのだ。

私が彼らにどうしても伝えたかったこと。それは、周囲にどう見られたいのかを意識することの大切さだ。

日本一のチームになりたいのなら、日本一のチームのように振る舞う。それはグラウンドを離れても心がけるべきことで、この習慣を持つかどうかで意識や行動が変わってくる。日本一になるには、グラウンド外も練習の場ということだ。

さらに私は、彼らのラグビーのプレーよりも、練習後のストレッチに着目している。練習が終わるとさっと上がっていく生徒もいれば、その日の練習の疲れをしっかりとるために、入念にストレッチをする生徒もいる。

やはり、入念にストレッチをしている生徒はケガなく3年間を過ごすことができる。私はそのことを生徒たちに教えたかった。

私を含め、多くの人間がこうした「行住坐臥」という行動ができているかどうかと言えば、必ずしも「できている」とは言えないかもしれない。

「神は細部に宿る」という言葉があるように、勝ち続ける強いチームほどラグビーと日常生活がしっかりとリンクしているものなのだ。

ラグビーに対して誰よりも情熱的なリーダー
大西鐵之祐

早稲田ラグビーの歴史が2018年に100年という大きな節目を超え、さらに100年先へと歩みを進めている。

そんな早稲田ラグビーの礎を築いたリーダー、それが先にも紹介した大西鐵之祐先生だ。

早稲田ラグビー部の監督を務めたのが戦後間もない１９５０年度からの５シーズンで、その間に３度の全国優勝を成し遂げた。この時期に、大学選手権に優勝したときのみに歌うことが許された部歌「荒ぶる」を歌う伝統が始まったといわれている。

一度は勇退するものの、低迷期を迎えた早稲田の救世主としてふたたび指揮を執り、対抗戦と大学選手権を制覇。さらには日本選手権でも初の日本一に導いた名将である。

大西先生は、独自のラグビー理論をつくりあげては試行錯誤しながら早稲田ラグビーに取り入れていく、誰よりも情熱的なリーダーだった。

常日頃、私たちにこのような話をしてくれたことを思い出す。

「惚れ込んだら苦しみも楽しみに変わるもんや。ラグビーに惚れ込めんような奴はラグビーする資格はない」

さらに、大西先生の凄さのひとつ。それが勝負師としての勘である。あるエピソードを紹介したい。私が大学三年生のときにおこなわれた早慶戦だ。

この試合の前節、慶應は明治に大敗を喫したことで、ほぼ大学選手権には上がれないという状況だった。ゆえに、慶應にとってはある意味この早慶戦は消化試合に等しかった。

だから私たち早稲田の選手たちも、「きっと慶應はもうあきらめムードだろう」と試合前から気を抜いていたのだ。

試合前のウォーミングアップが終わり、ロッカールームに引き上げて着替えをしていると、いきなり大西先生が入ってきて私たちにこう叱咤した。

「お前ら！　慶應ナメたらアカンぞ。今の慶應は手負いの獅子や。こういうときの慶應は怖いんや。お前らこんな気を抜いた状態で臨んだら間違いなくやられるで！」

「は、はい！　わかりました！」

私たちはその場の大西先生の気迫に驚いてそう返事はしたものの、心のどこかでは「大西先生はああ言っていたけど、まぁ今日は余裕で勝てるだろう」と考えていた。

ところが、いざ試合が始まると明らかに慶應は全力で私たち早稲田を倒しにかかってきた。

まるで優勝がかかった試合のように……。

慶應の思いもよらないプレッシャーに、早稲田の選手はミスを連発してしまい、前半は苦戦する展開となった。まさに、大西先生の勘は当たっていた。

ハーフタイムでロッカールームに戻ってくると、私は「大西先生の言うとおり、このままでは本当に負けてしまう」と思い、気を引き締め直してグラウンドに飛び出していった。それは、他の選手たちも同じだったことはみんなの顔つきを見れば明らかだった。

後半に入ると、早稲田の選手たちは集中していつもどおりのプレーをすることができた。すると形勢は一気に逆転、慶應を突き放して早稲田が何とか勝利することができたのだった。

大西先生はこの試合をスタンドで観戦していたのだが、私と目が合うと「ほれ、見たことか」とでも言いたそうな顔をしていたのが印象的だった。

これまで、早稲田ラグビーのみならず、日本代表チームをも率いた名将。そのラグビー人生において私たちが想像もできないほどの修羅場をくぐり抜けてきた。そうしたなかで磨きをかけてきた勝負師としての勘は鋭かった。

誰よりもラグビーに惚れ込み、誰よりもラグビーを楽しんできた大西先生の情熱に私は今ではインテグリティを憶えるのだ。

史上最強の早稲田をつくりあげたイノベーションリーダー
清宮克幸

私のラグビー人生において巡り会ったリーダー。やはり清宮克幸さんは外せない。

選手としての功績はすでに述べたとおりだが、引退後は早稲田大学ラグビー部の監督に就任し、関東大学対抗戦優勝、13年ぶりに全国大学選手権優勝など早稲田ラグビー黄金期を復活させた。

その後はサントリー、ヤマハの監督としてそれぞれタイトルを獲得、現在は日本ラグビーフットボール協会の副会長として日本ラグビーの発展に力を注いでいる。

清宮さんのリーダーとしての資質は、先に紹介したグラハム・ヘンリーに似ているかもしれない。

というのも、私たちが早稲田で現役だったときにグラハム・ヘンリーによって短縮された「1日2時間」の練習は、知らぬ間にもとの1日5、6時間という長時間練習に戻ってしまっていた。伝統というのはときに厄介なものなのだ。

そこで、清宮さんが早稲田の監督になったときには再びこの「1日2時間」という練習時間に変えた。その理由として、当時の早稲田ラグビーに必要なものが「集中と効率」であると清宮さんは説明していた。

練習時間が減ったことで、選手たちが自らの課題を掲げられるようになった。

清宮さんはそうした選手たちの課題や弱点を補うために選手間のコミュニケーションが綿密にとれるように促し、目的と手段を明確にしていった。

さらに、清宮さんはそれまで早稲田で当たり前とされていた根性論に終止符を打ち、科学的なラグビー戦略を推し進めていく。

「負けたらシゴキ」といった伝統に縛られるのではなく、「なぜ負けたのか?」「なぜトライが取れなかったのか?」といったことを分析してデータ化した。

そのデータをもとに、これまでなかなか見えづらかった速さ、強さといったものを数値化し、そこから抽出されたデータをもとにそれぞれが弱点を克服するための練習を徹底していった。

また、ハード面に関してもフィットネスを強化するトレーニングや芝のグラウンドの整備のほか、まだ当時では考えられなかった大学ラグビーチームとスポーツメーカーとのスポンサー契約までこぎつけた。

そんな清宮さんのリーダーシップについてもまた、いろいろなところで語り尽くされている。そこで、私なりにとくに印象的なエピソードを紹介したい。

私は学生時代、ライバル校の選手たちから「今泉は何をしてくるかわからないから要注意だ」と恐れられていた。事実、私は相手が予想もつかないようなプレーが好きだったのだが、当時の早稲田は選手を型にはめる手段が常識化していたのだ。私が一年のとき、よくコーチに「今泉、ボールを持ったら前に行かなくていいから後ろを向け」「そんなプレーは早稲田のプレーじゃないだろ！」と注意されることが多かった。

そんなとき、清宮さんが私にこう言ったことを今でも忘れない。

「今泉、お前の好きなようにやっていいぞ」

私の一年先輩の清宮さんは三年で副主将、四年で主将になったのだが、このときすでに早稲田ラグビーを引っ張っていたのはまちがいなく清宮さんだった。

ではなぜ、清宮さんは私に「自由」を与えたのか。

ラグビーでは攻撃や守備の型、つまりは基本を日頃から練習するわけだが、単純に型だけにとらわれたラグビーをやっていても試合に勝つことはできない。なぜなら、型どおりの攻撃や守備というのは当然相手にとっても守りやすいし、攻めやすいからだ。そこで勝つための打開策が「個の力」であり、清宮さんは私を信頼してくれたからこそ、自由なプレーという裁量を与えてくれたのではないだろうか。

リーダーが選手に「好きにやっていいぞ」と裁量を与えるときには、どこかに相手を信頼する気持ちがあるのだ。

清宮さんはそこから「個の力」を大事にしながらチームをまとめていき、「史上最強の早稲田」をつくりあげていったのだった。

人心掌握術に長けたサントリーのリーダー
土田雅人

「やってみなはれ。やらなわからしまへんで」

これは言わずと知れたサントリー創業者である鳥井信治郎さんが残した名言である。正確にいえば、この言葉は名言というよりも鳥井さんの口癖だったという。

１８９９年の創業以来、サントリーでは常に「やってみよう。やってみなければわからない」というチャレンジ精神を忘れず、今でも社員一人ひとりが鳥井さんのＤＮＡをしっかりと受け継いでいる。

私自身、鳥井さんのこの言葉に感銘を受けてサントリーへの入社を決意した。そしてこの「やってみなはれ」という精神は私にとって、仕事だけではなく、ラグビーにおいても大いに役立った。

たとえ成功できなくても、チャレンジしないことのほうがきっと後悔してしまうということを、この「やってみなはれ」という言葉から私は学ぶことができたからだ。そうした心構えで日々の練習や試合でも積極果敢にチャレンジすることができたからこそ、私は日本代表チームに選出されるまでの選手になれたのかもしれない。

ところが、サントリーのラグビー部に入部した当初は、私は期待よりも落胆のほうが大きかった。

当時のサントリーは毎日練習がおこなわれるわけではなく、週に４日だった。さっと集まって軽い練習が始まり、終わったらみんな仕事に戻っていく。練習メニューにしても、その日の思いつきで練習やっているという雰囲気があった。必要な練習は個人練習でやればいい。そういう考え方だ。

たしかに、社会人であるならば個々で課題を見つけ、個々で努力するといった姿勢も大事なのかもしれない。だが、そもそも当時のサントリーには「ぜったいに勝つんだ」というモチベーションが低かったように思う。

そんな矢先、当時のサントリーの社長であった佐治信忠さんが「うちのラグビー部を強くしてくれないか」と白羽の矢を立てたのが土田雅人さんだ。土田さんもまた、私のラグビー人生で出会った優秀なリーダーのひとりだ。

土田さんは同志社で平尾誠二さんと共に大学選手権３連覇に貢献し、大学卒業後にサントリーへ入社。１９９５年にサントリーで現役引退して監督就任１年目で日本選手権初優勝に導いた。その後、一度は退任するものの再びサントリー監督として２００１、２００２年にチーム初の日本選手権２連覇を果たした名将だ。

そんな土田さんは、選手のモチベーションを上げる人心掌握の天才だった。

「おい、清。うちのチームはお前次第なんやで。お前がやらんかったらどないするねん！」

いつも二人きりになると、こんなふうに私のモチベーションを上げてくれたし、ほかの選手たちも、同じように土田さんによってモチベーションが高められていたように思う。

時間をかけて選手一人ひとりと綿密なコミュニケーションをとり、そこから個の強みをあぶり出し、最大限チームに活かす。次第にチーム全体が同じベクトルを向きはじめ、チームに一体感が生まれていった。

土田さんは個の強みを最大化し、弱小だったサントリーをたった1年で日本選手権の頂点に到達するチームに成長させたのである。

ではなぜ、監督就任1年目であれほどの快挙を成し遂げられたのか。

これは後に聞いた話なのだが、当時の土田さんはまだ監督としては未熟だった。そこで、ある人物にアドバイスをもらっていたという。平尾誠二さんだ。

当時、社会人リーグで無敵を誇っていた神戸製鋼の主将を務めていた平尾さんに、「飯でも食おう」と何かしらの口実をつくっては神戸に出向き、アドバイスをもらっていたそうだ。

土田さんは真摯に平尾さんのアドバイスに耳を傾けた。平尾さんも、土田さんの相談に〝自分事〟として真剣に向き合った。

するとその年、運命のいたずらのように両者は対戦することになる。

勝ったのは、サントリーだった。

世界のラグビーに挑み続けた不屈のリーダー
平尾誠二

この章の最後を飾るリーダー。平尾誠二さんだ。

「ミスターラグビー」と呼ばれた平尾さんの輝かしい経歴を簡単ではあるが紹介しておこう。

ラグビーを中学生から始めるとすぐに頭角を現し、伏見工業高校では主将として全国優勝を成し遂げる。同志社大学では史上初となる大学選手権3連覇に導くとともに、19歳4か月という史上最年少で日本代表チームに招集され、ワールドカップには3回出場。神戸製鋼では日本選手権で7連覇を達成する。

現役を引退後は史上最年少の34歳で日本代表チームの監督に就任。「日本で一番ラグビーを知っている」という理由からの抜擢だった。

まさに非の打ち所がない経歴なのだが、私と平尾さんの接点は、1995年のワールドカップ日本代表チームで共に戦った戦友としてだった。

私からすれば、平尾さんはとても面倒見のいい先輩で、いつも「清、飯でも食おう」「飲みに行くぞ！」と気兼ねなく誘っていただいた。

そこで、「清はこういうプレーができるともっとよくなるぞ」と私にハッパをかけてくれていた。

平尾さんは、「ダメだ」「失敗するな」などといったネガティブなことは決して言わず、いつもポジティブな言葉をかけては今の自分よりもほんの少しだけ高いハードルを見せてくれた。そうした言葉に勇気づけられた私は、常にモチベーション高くラグビーに向き合う大事さを学んだのだ。

平尾さんが言ったことで、今でも忘れられない言葉が浮かぶ。

「清、お前を見てるとな、どうも型にはまりすぎや。お前殻破らなあかん。例えばな、変な話やけど今まで食べられないものあったとする。これが食べられるようになるのも殻破ったことになるよな。今までできなかったプレーができるようになる。これも殻破ったことになるよな。だからいろんなものにチャレンジせなわからんやろ。自分はこういう人間でこういうラグビーしかできませんって殻をつくって閉じこもってしまったら成長せえへんで」

こうした言葉と共に、平尾さんは日本のラグビーが世界に通用するにはどうしたらいいかということを常日頃から考えていたので、世界最先端のラグビーの研究も怠らなかった。あるとき、攻撃ラインの参加の仕方を事細かく教えてもらったことがある。

「いいか、清。ディフェンスのスペースというのは動くものなんや。それを計算せずに突っ込んでもディフェンスに止められるやろ。スペースが動くということはお前もそのスペースを追っかけながら動いて、ボールを投げてもらうときに縦に入ったら抜けるんや」

平尾さんのこの教えで私はトライ数が格段に増えていったし、後に私が早稲田のバックスコーチをしているときにもとても役立った。

さらに思えば、ラグビーが今よりもまだアマチュアだった時代に、誰よりも「プロ意識」を持っていたのも平尾さんだった。

今ではあたり前となった日本代表チームにプロの海外出身選手を選出した先駆けが平尾さんだったし、海外遠征の際に選手はエコノミークラスで移動していたのをビジネスクラスに変えて代表選手としてのプライドを植え付けていった。

ちなみに余談ではあるが、平尾さんが日本代表チームの監督として出場した１９９９年のワールドカップでは、ジェイミー・ジョセフも日本代表チームのメンバーとして出場している。

誰よりもラグビーを知り尽くし、誰よりもラグビーを愛した日本のリーダー。

それが、平尾誠二という男である。

第5章

「ONE TEAM」のなかで個性に磨きをかけろ！

「GROW」モデルで明確な目標を描け！

最後の章では、「ONE TEAM」のなかでいかにして個を磨き、チームに必要とされる人間になるかについて解説していきたい。

それと同じくらい求められる成果に対して個人が能力アップしていかなければ強いチーム、組織をつくることはできない。「ONE TEAM」として成果を上げていくためには、チームのまとまりも重要なのだが、

その前提としての意識づけ、つまりはメンタルの強化に取り組んでいかなければならない。

これは、ジェイミー・ジョセフ率いる日本代表チームも決して例外ではなかった。

ジェイミーはニュージーランドからデイビッド・ガルブレイスを日本代表チームのメンタルコーチとして迎えた。

ガルブレイスは、スーパーラグビーのチーフス、7人制ラグビーのニュージーランド代表チーム、「オールブラックス・セブンズ」でメンタルコーチを務めた経験を持つ。

そんなガルブレイスが、スポーツ誌『Ｎｕｍｂｅｒ』９９３・９９４号のインタビューで次のように勝者のメンタリティーを選手に浸透させていく。

「ワールドカップでの目標がベスト８？　えっ？　どうして優勝じゃないんですか？　君たちは優勝だって可能だ。ただし、そのためには『ライオンハート』が必要です」

ライオンハート。私は、実にうまい話だなと思った。

ライオンは自分の獲物を見つけたら決して逃さない。そのためには入念な準備をして堂々と立ち向かうマインドが必要だというのだ。

たしかに、「ＯＮＥ ＴＥＡＭ」になって勝利をつかむためには個人が明確な目標に向かって準備し、それを達成するための強いメンタルが必要不可欠だ。

だが、それぞれのビジネスパーソンに日本代表チームのようにメンタルコーチがいるわけではない。何とかして、この「ライオンハート」を自力で手に入れるしかないのだ。

では、そのためにやるべきこととは何か。

それはまず、明確な「ビジョン」を持つことである。

具体的には、自分が思い描く成功のイメージを「ありたい姿」と位置づけ、そこから現状とのギャップを把握する。

さらには、そのギャップを埋めるために何に取り組むべきかを決め、最後にそれをいつまでに達成するのかを設定するのだ。

これは、コーチングの基本となる「GROWモデル」だ。

私はこの「GROWモデル」でビジョンを可視化することで、「何としても達成するんだ」という強いメンタルが養われ、そこではじめて個性というものが生きてくると考えている。

GROW モデル

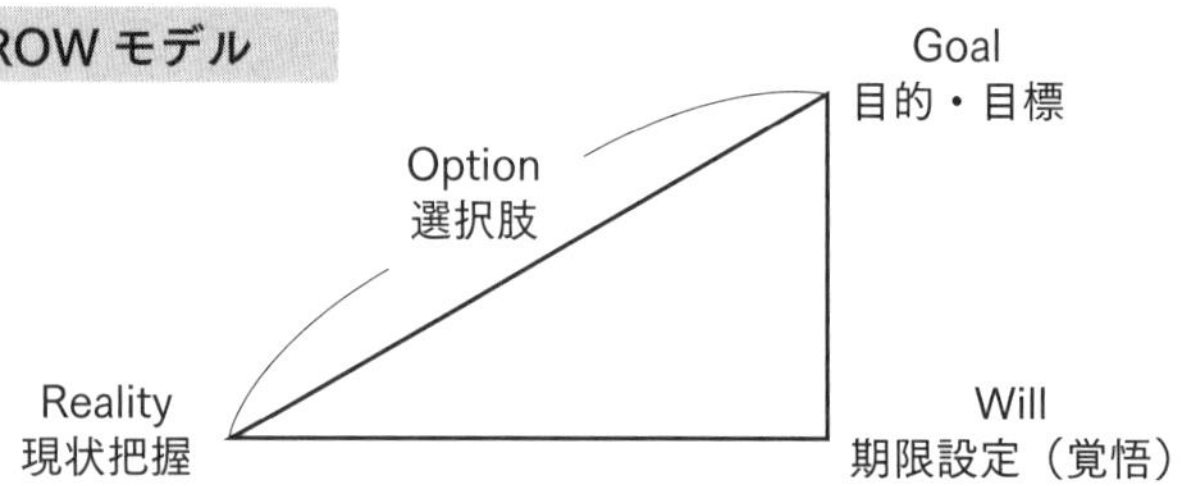

G…Goal（目的・目標）
どんな自分を目指し、どんな目標を目指すのかを決める

R…Reality（現状把握）
Goal と現状とのギャップを明確にする

O…Option（選択肢）
ギャップを埋めるために何に取り組むのか、優先順位を決める

W…Will（期限設定）
いつから始めていつまでに達成するのかを時間軸を定めて覚悟を決める

ここ一番の勝負どころでは迷わず直感に従え！

ラグビーに限らずスポーツの世界では、しばし勝敗を分けるような重大な局面に遭遇する。「この一本のパスが通れば」「このトライさえ取れれば」というとき、一流の選手ほど本能的に体が動くものだ。

この本能を突き動かす原動力となるもの、それは「直感」である。

ラグビーのプレーでは、当然チーム全体での決め事や動き方はあるものの、とっさの判断や細かい意思決定は最終的に選手に委ねられる。ここで必要なものこそ直感であり、選手たちの個性が光る瞬間でもあるのだ。

日本代表チームでも、リーチ・マイケルによるパス、松島幸太朗や福岡堅樹《けんき》の勝敗を分けるトライといったプレーは、最終的には個々の選手の瞬間的な直感によって生まれているのだ。

私自身もこの直感を大事に考え、ラグビーを続けてきた自負がある。なぜなら、私にはある大事な試合での苦い経験があったからだ。

それは1987年12月6日におこなわれた試合、今でもラグビーファンによって語り継がれている「雪の早明戦」だ。

この日の東京は未明から雪が降り始めていた。私たちは、「さすがにこの雪じゃ中止だろう」と思っていたのだが、試合実施の知らせを受けて急いで国立競技場へと向かうと、6万2千人の大観衆に迎えられた。

当時の私はまだ一年生だったが、この日スタメンに選ばれた。「早稲田の勝利に貢献したい」という一心でグラウンドを走り続けた。

だが、試合が進むにつれてあちこちに残っている雪でグラウンドがどんどんぬかるんでいく。思うような走りもパスもできなくなってきていた。そのようななかで前半、私にあるチャンスがやってきた。

ゴール前でパスを受けた私はトライ目前のところまで来ていた。そのまま直感に従い飛び込めばトライを取れる、そんな状況で私はこう考えてしまったのだ。

「もし、飛び込んでトライが取れなかったらどうしよう……」

そんな迷いを明治の選手は見逃さなかった。そのままタックルを受けて私は外に出されてしまった。あれこれ考えているうちに私は大きなチャンスを逃してしまったことを悔やんだ。

結果的にこの雪の早明戦は死闘の末、10－7で早稲田に軍配が上がったものの、私としては素直に喜べる試合ではなかった。

こうした苦い経験を踏まえ、私は直感を磨く決意をした。

それは、日々のトレーニングや試合だけではなく、日常生活でも直感を磨く努力を怠らないことを心がけた。その努力が実を結ぶときがやってくる。先に述べた１９９０年12月２日の早明戦である。

私は運命的なものを感じながらも、「早明戦の苦い経験は、早明戦で払拭するしかない」と、自分の直感を信じてプレーすることを心がけた。それがあの80メートルの独走トライを生み出したのである。

こうした直感を、「単なる偶然の産物である」と片づけてはいけない。

なぜなら、直感とは自身の経験や知識のすべてから導かれた意思決定や行動によって瞬間的に生まれるものだからである。

では、直感力を磨くためには具体的に何をすればいいのか。私の経験から、３つのポイントがあると考えている。

1　いろいろなことにアンテナを立てて興味を持つ

2　チャレンジ精神を忘れない

3　成功体験と失敗体験を蓄積して、自己フィードバックする

こうしたことを踏まえながら、ラグビーであれば日々のトレーニングや試合、ビジネスであれば普段の仕事を通じて直感を意識して磨く努力をしてみてほしい。それによって誰もがここ一番という勝負所でいい結果をもたらすはずだ。

自分の強みはハードワークによって生み出せ！

エディー・ジョーンズ、そしてジェイミー・ジョセフが率いた日本代表チームにはある共通点がある。

それは、「ハードワーク」である。

難しい目標を達成するためには、ときにハードワークが必要である。それをエディーもジェイミーも私たちに教えてくれた。

「ここまでやらないと世界で勝てないのか……」

エディーが課した地獄のハードワークに、弱音を上げそうになった選手も多かったことは前に述べたとおりである。

だが、ラグビー弱小国と言われた日本が世界に勝つためには、ハードワークしなければ絶対に不可能だとエディーは確信していた。

実際に、エディーを信じてハードワークした日本代表チームの選手たちはハードワークの意義を誰よりも学ぶことができたはずだ。

こうした経験がジェイミージャパンでも活かされたことは、もはや言うまでもない。「前回はあれだけやってベスト8に入れなかった。だから今回はもっとハードワークするしかない」という選手のマインドが確立され、チーム内で共有できたことはジェイミージャパンの大きなアドバンテージとなった。

こうした意義のもと、ハードワークすることによって、自分の強みを生み出すことができるようになっていく。

チームや組織が掲げる目標を達成するために、一人ひとりがレベルアップすることでチームのレベルを何段階にも上げることができ、結果として目標達成に一歩ずつ近づいていくのだ。

私自身、これまでのラグビー人生でハードワークを重ねてきたわけだが、そこに意義を見つけ出すことが大事なことだと学んできたつもりだ。

今はどうか知らないが、私が早稲田でラグビーをやっていたとき、「早稲田の練習は日本一キツイ」と言われていた。自らの強みを生み出すために、ハードワークできる者だけが伝統のラグビー部への入部を許される。

新入部員がそれを最初に知るのが、「新人練」といわれるハードワークである。新人練とは、早稲田ラグビー部に入部できる新入生を決めるいわばセレクションのようなものである。

それと同時に、早稲田ラグビーにふさわしい人間かを見極められるわけだが、およそ1か月の間で一年生部員を30人にまで絞るために相当ハードな練習が待っている。

それは高校時代に全国大会に出場するような名門高校の出身者でもへこたれてしまうほど、これまでの人生では経験したことがないほど走り込み、さらにはその疲れきったなかでブレイクダウンの練習をみっちりおこなうのである。

当然ながら、軽い気持ちで早稲田ラグビーの門を叩いた者はひとり、またひとりと離脱していく。

そのようにして苛酷な新人練に耐え抜いていくことで、次第に自分に足りないスキルやメンタルの弱さに気づかされる。

すると、目標やハードワークの意義が明確化されていくことでハードワークをやり抜ける人間になれる。最終的に生き残った30人が晴れて入部を果たすことができるというわけだ。

ただし、そこはあくまでもスタートラインに立ったに過ぎない。そこからの4年間、すべての部員が伝統のユニフォームを着るために自分の強みを見つけながら切磋琢磨して練習に打ち込む。一人ひとりがそうしたハードワークの意義を知ることで早稲田は常勝軍団と呼ばれるチームになれたのだ。

こうしたハードワークをくじけずにやり抜く方法。それは、「なぜ、自分はこのハードワークをやるのか」を明確にすること。それに尽きるといえる。

この「なぜ」という部分を明確に意識できれば、どんなハードワークでも意義が見出せ、自分の強みという大きな花を咲かせることができるのだ。

「絶対に成し遂げる」という強い覚悟を持て！

ハードワークという言葉を聞くと、「歯を食いしばって地獄のような練習に耐え抜く」といったニュアンスで捉える人もいるかもしれない。

たしかに、日本代表チームのように自分の掲げた目標（ターゲット）が今の自分の立ち位置からほど遠い場合、そうした練習をしなければならないときもあるだろう。

だが、ただ闇雲にきつい練習をすれば上達するのか、あるいは勝てるのかと言えば、それもまた違うと私は思っている。それを教えてくれたのは、私が出会ったあるラガーマンだ。

私がニュージーランドでラグビーをしていたとき、高校世代からニュージーランド代表に選ばれ、ウイングとしてプレーし、１９８９年から１９９３年にオールブラックスで活躍したインガ・ツイガマラという選手がいた。

彼と最初に会ったのは私が高校生のとき、高校ラグビー日本代表に選出され、日本に高校ニュージーランド代表を迎えて招待試合をしたときだ。

この試合で私は、彼と互角以上に渡り合った。

すると試合後、私のところに来て「ナイスプレー！　いつかニュージーランドに来て、俺たちと一緒にラグビーやろうぜ！」と笑顔で握手を交わした。

それから時が経ち、私たちは再会した。

彼はすでにオールブラックスに選ばれる選手にまで成長していたのだが、彼に近しい友人から聞いた話では、彼はたとえどんな日でも高校時代から近くの墓地に行っては2時間以上も走り込みをするのが日課だそうで、それはオールブラックスに選ばれてからも続けているというのだ。

「ハードワークとは、絶対に成し遂げる覚悟である」

私は、インガ・ツイガマラにそれを教わった。

世界一のラグビーチームであるオールブラックスに選ばれるためには、優れたスキルや戦術の理解度に長けていることはもちろん、強いメンタルが求められる。そこに無意味な根性論は通用しない。

ニュージーランドでは将来オールブラックスに選ばれたいと思ったならば、12歳頃にはプロの道に入る決意を固め、そこから自分の強みを探しながらハードな練習に取り組み、苛酷な競争に打ち勝つメンタルを身につけていかなければならないのだ。

そうして、ようやくオールブラックスの一員になれたとする。だがそこは世界一のラグビーチーム。チーム内にも激しいレギュラー争いが繰り広げられるのは先に述べたとおりだ。

だからこそ「絶対に成し遂げる」という強い覚悟を持って、オールブラックスの選手たちはハードワークができるのである。

こうした強い気持ちを持ってハードワークを実践したことが私にもある。

私がニュージーランドでラグビーをしていたとき、周りのレベルが高く自信を失いかけていたときのことだ。

あるとき、監督が私に、「キヨシ、ジム・ブレアのところに行って来い」と提案をしてくれた。ジム・ブレアとは、当時のオールブラックスのフィットネストレーナーだ。

彼のもとでフィットネステストをして彼が考案したメニューをこなすことになったのだが、これが想像以上のハードワークだった。

だが、「絶対に成し遂げる」という強い覚悟を持っていたおかげで、ハードワークがそれほど苦にならなかった。

それどころが、日々絶対的な目標が設定され、「昨日できなかったことが今日できるようになる」という喜びがそこにあった。

すべてのトレーニングが終わったとき、ジム・ブレアは私にこう告げた。

「キヨシ、ハードワークをよく頑張ったな。君がこなしてきたメニューはオールブラックスがワールドカップで優勝したときにやっていたものだ」

「使命」をまっとうすれば強いメンタルは生み出せる！

どんな人間であれ、生きているからには「使命」がある。使命とは字のごとく、自分の命を何に使うかということだ。この**使命が明確になることで得られるものがある。それは強いメンタルである。**

これは、私が早稲田でコーチをしていたときのエピソードだ。

あるとき、早稲田とニュージーランドの大学生代表との試合があった。

ニュージーランドの大学生代表といえば、将来オールブラックスに選ばれるような有望株たちである。さすがの早稲田の選手たちからは試合前、「相手は世界トップクラス、胸を借りるつもりで戦おう」といった雰囲気が漂っていた。この時点ですでに勝敗は決まってしまう。戦う前から気持ちで負けてしまっていたのである。そこで私はこんなアドバイスをした。

「目の前で堂々と、ハカを受けてこい！」

ご存じの方も多いと思うが、「ハカ」とはニュージーランドの先住民マオリ族が戦いの前に自分たちの力や部族の結束を相手に誇示するために伝統的に踊られていた儀式だ。

オールブラックスが試合前にハカを踊り始めたのは今から１００年以上前だとされている。試合前に士気を高めるため、独特のリズムに合わせて足を踏んで体を叩き、舌を出す圧倒的な迫力で相手に対して闘志をむき出しにするのだが、今では高校や大学年代のラグビーニュージーランド代表や、他のスポーツでもこのハカはおこなわれている。

実際に、オールブラックスと対戦するチームは、このハカを受けることで気弱になったり、自分たちのリズムでラグビーができなくなってしまうという。

実は私自身も、現役時代にこのハカを目の前で受けたことがある。

１９９５年にマレーシアで開催された10人制ラグビーの最高峰の国際大会である「コブラテ

ンズ」に日本代表として出場したときのことだ。

我々日本代表チームは、マオリ族の血を引く選手のみで構成される「マオリ・オールブラックス」と予選で対戦したのだが、彼らは試合前にハカをやらなかったのだ。おそらく、「日本相手なら楽勝だから、ハカをやるまでもないな」といった気持ちがあったのだろう。たしかに、当時の日本代表チームは世界と戦えるチームではなかった。

だが、私はたとえ相手がマオリ・オールブラックスであろうと、「油断している彼らに勝つチャンスはある。強い気持ちで挑もう」と仲間たちを鼓舞した。

すると日本代表チームが序盤から優勢に試合を運び、マオリ・オールブラックスに24対7で勝利するという大金星を挙げた。

日本チームはその勢いのまま勝ち進み、決勝にコマを進めた。相手はマオリ・オールブラックスとの再戦だった。当然予選で戦った彼らとはまるで別人。殺気立った目つきが印象的だった。

予選で見せていた油断は一切なく、闘志をむき出しにしてきたのだ。その証拠に気合いの入った本気のハカを披露してきた。私たちはたちまちその気迫に圧倒されてしまいそうになった。

だが、そのときの私のチームメイトが「下がるな、前に出ろ！」と叫んだ。

我々は一歩、また一歩とマオリ・オールブラックスへと近づく。そして、唾がかかりそうな距離でハカを受けると彼らが一瞬うろたえたのがわかった。

スタンドは熱気を帯び、まるで、「マオリ対サムライ」の戦いを楽しむかのようだった。

試合は両者譲らぬ激しい攻防戦の末、我々日本代表チームは28対32で敗北を喫したのだが、それでも私には大きな収穫があった。

それは、**自分の使命をまっとうすれば強いメンタルを手に入れて戦うことができるということ。**これが冒頭の「目の前で堂々と、ハカを受けてこい！」という真意なのだ。

ニュージーランド大学生代表のハカも迫力があった。それでも早稲田の選手は一人ひとりが勇気を持ってハカに立ち向かい、自らの使命をまっとうしたことで勝利を手繰り寄せることができたのだった。

本番で成功するための「想定力」を磨け！

ラグビーにもビジネスにも「トレーニング」という言葉がある。

トレーニングとは自らの能力を高め、試合や本番で最高のパフォーマンスを発揮するためにおこなう行為であることは誰もが知ってのとおりである。

だが、トレーニングという言葉について深掘りしてみると、とても興味深い話に到達したので最後に紹介しておきたい。


「トレーニング」の語源は「train（列車）」であり、確実にゴールに向かう行為を示している。

例えば、新幹線で東京駅から新大阪まで乗るとしよう。

予定どおりに東京駅を発車した新幹線は、予定時刻に合わせて新大阪に到着する。

つまり、スタートとゴールが明確になっているものという意味がある。

これをラグビーでいえば、**「このような練習をすれば、試合という本番の舞台で高いパフォーマンスを発揮することにつながる」というのが、本当のトレーニングなのである。**

ビジネスでも、例えば新人研修のトレーニングにおいて、「このようなことを身につけておけば、ビジネスの現場でこのように役に立つ」という明確なゴールがあるからこそ意味を持つといえる。

無目的にただがむしゃらに、やらないと怒られるから続ける練習はトレーニングとは呼べない。

もし、「このトレーニングって、何のためにやっているのだろう」と思ってしまうようであれば、それはトレーニングではなく鍛錬なのだ。

エディー・ジョーンズが、「試合のように練習をし、練習のように試合をしなさい」と言っていたことをよく思い出す。

これは、「試合で使えない練習をしても意味がない。常に試合本番を想定しながらトレーニングをする」ということの重要性を私に植えつける言葉だった。

試合で最高のパフォーマンスを発揮するために、いかに試合を想定してトレーニングを積んでいけばいいのか。それを教えてくれた人物がいる。武藤規夫さんだ。

武藤さんは、同志社大学ラグビー部で平尾誠二さんなどスター選手揃いのなかで一年生ながらレギュラーとして活躍、大学選手権3連覇に貢献。大学卒業後は神戸製鋼で7連覇の中心選手として活躍した一流のラガーマンだ。

その武藤さんが日本代表チームの合宿で、私にこう言ったのだ。

「清、なんでサントリーが神戸製鋼に勝てないかわかるか？　サントリーの選手はゴール前でスピードが落ちる。だからトライが取れないんだ。そのためには、練習から試合を想定して走り抜くトレーニングをしてなければ試合でトライが取れるわけがないだろ」

そのときの武藤さんの言葉は、私の胸に突き刺さった。

そこから私は、常に試合を想定してどんな練習も真剣に取り組んだ。こうした意識を持って1年トレーニングするのと、ただ何となく体を動かしたり、練習するのでは大きな差がついてくる。

また、「このトレーニングは、試合のこういった場面で使えそうだ」といったコミュニケーションをとりながら、何度も対話を通じてチーム全員の頭の中に同じイメージを描いていく。

すると、そうしたトレーニングはそのまま試合の重要な局面で活きてくるのだ。それを実感したのが、１９９６年１月28日に行われた全国社会人ラグビー決勝トーナメント１回戦でサントリーが神戸製鋼に勝てたことだった。

ラグビーでもビジネスでも、常に想定外の事態が起こり得る。

勝てる組織というのは、そうしたありとあらゆる事態を一人ひとりが想定しながら、なおかつチームで共有できている。

それによって、チームはより一丸となった「ONE TEAM」になれるのだ。

おわりに

オートクライン効果で「ONE TEAM, ONE HEART」になろう!

本来であればこの本が発売されてまもなく、東京2020オリンピック・パラリンピックが開催されるはずだったが、新型コロナウイルスの影響でこの世界最大のスポーツイベントは延期となった。

こうした影響はラグビー界も例外ではなく、昨年のワールドカップで大活躍を遂げた日本代表チームの選手たちが所属するトップリーグは第11節以降の試合がすべて中止となり、さらには史上初めて日本選手権の中止も決定した。ラグビーというスポーツが多くの日本人に支持されていた矢先なだけに、残念でならない。

もちろん、コロナの影響はビジネスの世界にも大きな影響を及ぼしている。

経済や企業の業績悪化などについてここで私が述べるまでもないが、事態は日を追うごとに切迫している。この本を読んでくださった多くの方々のなかには、「これからどうなってしまうのか」という不安があるかもしれない。

だが今、私が声をあげて言いたいのは、こんなときだからこそチームをひとつにまとめるリーダー、そして同じベクトルでそれぞれの目標に向かって突き進めるメンバーたちが日本代表チームのような「ＯＮＥ ＴＥＡＭ」となり、どんな困難にも負けずに乗り越えてほしいということだ。

今、生活や仕事に不便さを感じている人も多いだろう。もちろん、私もそのひとりである。この状況を踏まえれば仕方ないことだと頭では理解できるし、今は我慢のときだと日々自分に言い聞かせている。

仕事をしている方々もまた、在宅勤務を余儀なくされ、「リモートワーク」といった働き方をしている人が多いと聞く。

こうした事態に、現代における働き方の多様性を感じ、「便利な世の中になったものだ」と思う反面、やはり私のようなＩＴやテクノロジーに疎い人間はちょっとした違和感を覚えてしまうのだ。

本書ではたびたび、「ＯＮＥ ＴＥＡＭ」になるには対話が不可欠だと述べてきた。たしかに、リモートワークでのやりとりも相手の顔を見ながら話ができるので問題ないと考える人もいるかもしれない。

だが、これは必要最低限の〝会話〟であって、〝対話〟ではない。

皆さんは、「オートクライン（autocrine）」という言葉をご存じだろうか。医学用語から派生したコーチング用語で、「自分が誰かに話すことで考えが整理され、気づきを得ること」だ。私たちは普段、誰かと対話するときに自分で自分の話を聞いているわけだが、こうしたオートクライン効果によって気づきを得て、私たちはアイデアが閃いたり、相手の気持ちになって物事を考えることができるようになる。

このオートクラインをリモートワークでできるのかといえば、私は疑問を持ってしまう。やはり、リモートワークの会議では時間も限られるため、発言が限定的になってしまうからだ。

本書でも繰り返し述べてきたが、対話は相手をよく知り、理解することで成り立つのである。限定的な発言、いわば脳のウォーミングアップなしでの会話ではオートクライン効果は発揮できず、「ＯＮＥ ＴＥＡＭ」になるのは難しいと私は思うのだ。

そこで最後に、ラグビーをやる前に体をほぐすウォーミングアップがあるように、対話にもウォーミングアップがあることをお伝えしておきたい。

私の研修では、初対面の参加者たちが室内を歩き回りながら、お互いが対面になったら自己紹介や雑談といったスモールトークを必ずおこなうようにしている。

これによって相手との距離感が縮まり、短い時間で一体感が生まれるようになる。


一体感になるとは「ＯＮＥ ＨＥＡＲＴ」になることだ。

「ＯＮＥ ＨＥＡＲＴ」になってこその「ＯＮＥ ＴＥＡＭ」。つまり、「ＯＮＥ ＴＥＡＭ，ＯＮＥ ＨＥＡＲＴ」こそが真の一体感なのである。

「ＯＮＥ ＴＥＡＭ，ＯＮＥ ＨＥＡＲＴ」となる組織づくりに本書が少しでもお役に立つことができたら、大変嬉しく思う。

２０２０年６月吉日

今泉　清

ONE TEAM,
ONE HEART

今泉　清（いまいずみ　きよし）
1967年東京生まれ。6歳でラグビーを始め、大分県立大分舞鶴高校ではフランカーとして高校日本代表に選ばれる。早稲田大学時代は在学中4年間で関東大学対抗戦優勝2回、大学選手権優勝2回、日本選手権優勝1回を経験。卒業後はニュージーランド留学を経てサントリーで活躍。1995年ラグビーワールドカップ南アフリカ大会日本代表、7人制・10人制日本代表にも選出された。現役引退後は母校・早稲田大学ラグビー蹴球部コーチとサントリーフーズコーチを同時期に兼任するなど後進の指導育成に尽力。現在は日本代表・トップアスリートだった経験を活かして人材育成パフォーマンスコンサルタントとして活動する傍ら、日刊スポーツのラグビー評論、CSテレビチャンネルJ SPORTSで解説者を務めている。著書に『オールブラックス 圧倒的勝利のマインドセット』（学研プラス）、『勝ちグセ。』（日本実業出版社）、『まんがでわかるラグビーが面白くなる本』（小学館）。

ONE TEAM!
ラグビー日本代表に学ぶ最強組織のつくり方

2020年6月30日　初版第1刷発行

著　者——今泉 清　
発行者——張 士洛
発行所——日本能率協会マネジメントセンター
〒103-6009 東京都中央区日本橋2-7-1　東京日本橋タワー
TEL 03(6362)4339(編集)／03(6362)4558(販売)
FAX 03(3272)8128(編集)／03(3272)8127(販売)
http://www.jmam.co.jp/

装　　丁——冨澤 崇（EBranch）
編集協力——神原博之（K.EDIT）
本文DTP——株式会社森の印刷屋
印 刷 所——広研印刷株式会社
製 本 所——ナショナル製本協同組合

ISBN 978-4-8207-2814-6　C2034
落丁・乱丁はおとりかえします。
PRINTED IN JAPAN